全国中考
语文热点
作家精选

我和猫

闫荣霞　主编

中学生必读励志类经典美文
中考作文素材类优秀作品

作者曾多次命中中考作文及阅读理解原题

哈爾濱工業大學出版社
HARBIN INSTITUTE OF TECHNOLOGY PRESS

图书在版编目（CIP）数据

我和猫 / 闫荣霞主编. — 哈尔滨：哈尔滨工业大学出版社，2021.8

（全国中考语文热点作家精选）

ISBN 978-7-5603-9510-4

Ⅰ. ①我… Ⅱ. ①闫… Ⅲ. ①阅读课 - 初中-升学参考资料 Ⅳ. ①G634.333

中国版本图书馆CIP数据核字(2021)第110916号

我和猫
WO HE MAO

策划编辑　张凤涛
责任编辑　那兰兰
装帧设计　博鑫设计
出版发行　哈尔滨工业大学出版社
社　　址　哈尔滨市南岗区复华四道街10号　邮编 150006
传　　真　0451-86414749
网　　址　http://hitpress.hit.edu.cn
印　　刷　哈尔滨市石桥印务有限公司
开　　本　787mm × 1092mm　1/16　印张 11　字数 180 千字
版　　次　2021年8月第1版　2021年8月第1次印刷
书　　号　ISBN 978-7-5603-9510-4
定　　价　29.80元

目录

CONTENTS

第一辑　十字路口处的一匹马

第二辑　花开得意

第三辑　和一只鸟儿冰释前嫌

第四辑　一棵草咬住了秋天

第五辑　爱吃胡萝卜的狼

第六辑　过冬的树

第一辑

十字路口处的一匹马

我是在一个车水马龙的十字路口，遇到了这匹马。

彼时它正被与它一样黑瘦疲惫的主人牵着，等红灯亮起，与行人一样穿过斑马线。我先是隔着马路看到了它晦暗的毛色，像斑驳的墙壁，又像经年不洗的老人身上，一块块的癣。我尽力地将它想象成一匹身经百战的烈马，曾经有过在战场或者草原驰骋的辉煌，不过是因为和平年代的到来，和草场的退化，而与那些失去了草场的牧民一样，迁徙到了城郊，或者是都市。

母　　鸡

老　舍

一向讨厌母鸡。不知怎样受了一点惊恐，听吧，它由前院嘎嘎到后院，由后院再嘎嘎到前院，没完没了，而并没有什么理由。讨厌！有的时候，它不这样乱叫，可是细声细气的，有什么心事似的，颤颤巍巍的，顺着墙根，或沿着田坝，那么扯长了声如怨如诉，使人心中立刻结起个小疙瘩来。

它永远不反抗公鸡。可是，有时候却欺侮那最忠厚的鸭子。更可恶的是它遇到另一只母鸡的时候，它会下毒手，乘其不备，狠狠地咬一口，咬下一撮儿毛来。

到下蛋的时候，它差不多是发了狂，恨不能使全世界都知道它这点成绩；就是聋子也会被它吵得受不下去。

可是，现在我改变了心思，我看见了一只孵出一群小雏鸡的母鸡。

不论是在院里，还是在院外，它总是挺着脖儿，表示出世界上并没有可怕的东西。一个鸟儿飞过，或是什么东西响了一声，它立刻警戒起来：歪着头儿听；挺着身儿预备作战；看看前，看看后，咕咕的警告群雏要马上集合到它身边来！

当它发现了一点可吃的东西，它咕咕地紧叫，啄一啄那个东西，马上便放下，教它的儿女吃。结果，每一只鸡雏的肚子都圆圆的下垂，像刚装了一两个汤圆儿似的，它自己却削瘦了许多。假若有别的大鸡来抢食，它一定出击，把它们赶出老远，连大公鸡也怕它三分。

它教给鸡雏们啄食，掘地，用土洗澡；一天教多少多少次。它还半蹲着——我想这是相当劳累的——教它们挤在它的翅下、胸下，得一点温暖。

它若伏在地上，鸡雏们有的便爬在它的背上，啄它的头或别的地方，它一声也不哼。

在夜间若有什么动静，它便放声号叫，顶尖锐，顶凄惨，使任何贪睡的人也得起来看看，是不是有了黄鼠狼。

它负责，慈爱，勇敢，辛苦，因为它有一群鸡雏。它伟大，因为它是鸡母亲。一个母亲必定就是一位英雄。

我不敢再讨厌母鸡了。

美文赏析

作者以细致的观察为基础，惟妙惟肖地刻画母鸡爱护小鸡的种种情状，赞美了母鸡所表现出的无私的“母爱”。作者用细腻的笔触写出了母鸡对小鸡的爱护，文末一句“我不敢再讨厌母鸡了”，既是对全文的总结，更是在含蓄地赞颂母鸡。

这个世界，虎子曾来过

张亚凌

虎子是二哥养的一条狗。说是正宗的狼狗，后来的事实一再证明，它只有狗的忠诚却无狼的凶狠，有点对不住“狼狗”这俩字。

说它是二哥养的狗，一点都不夸张。1976 年距离现在并不遥远，很多人的记忆应该还很深刻——贫穷与饥饿。因为直到 1985 年我上初中了，到学校带的干粮还是杂粮为主，红薯、玉米糕、糜面馍馍，似乎没有哪个同学来学校只带麦面馍。

1976 年的一个冬日，二哥推门进来时怀里抱着一只狗，蔫不拉几半死不活的样子。母亲连声说，扔了扔了，赶紧扔了——连你都吃不饱还想养狗?

二哥没有回应。母亲急了，冲过来就要夺了小狗。二哥转身护着狗，还是低头不作声。母亲气得狠狠地踹了他一脚，骂道，反了你了？要养狗你就喝西北风去!

二哥一向很听话，那次却表现得很是固执，任谁劝都不听，就是要留住怀里那个黑不溜秋的小可怜。

那只小狗，就在大家都很嫌恶中勉强地留了下来，二哥给它取名“虎子”。大哥戏谑道，就那半死不活的熊样，叫“狗熊”都糟蹋了狗熊，还想跟老虎攀亲？可二哥才不理会大哥的挖苦,依旧一天八次声音响亮地“虎子”“虎子”地喊。

起初的虎子在家里真的没有任何地位，除了二哥，谁都可以以挡路绊脚为理踹它一脚，它立马走开。只有二哥，再忙也会得空抱抱它。那会儿的虎子顿时来了精神，伸长舌头，在二哥脸上舔来舔去。即使二哥忙得没工夫逗它，只要它看见二哥，也会摇着尾巴围着二哥转圈儿。晚上，它就早早跳上炕，靠着二哥的被子外面躺下，很是乖巧。谁过去揪它耳朵或是拍打它，它都温顺地承受——似乎让它上炕，它已经很感激很感激了。

虎子很孱弱，二哥为它啥事都干过。

家里只有八十多岁的姥姥一直吃麦面馍馍。母亲总说，你们小，享福的日子长着呢，吃坏吃好都能撑住。姥姥不行，得吃好的。二哥就瞄上了姥姥的麦面馍馍，偷来泡给虎子吃。曾有一次可恶到姑姑给姥姥带来一罐麦乳精，我们都没舔过一口，他竟偷偷舀了一勺子和给虎子喝。瞧瞧，为了虎子，他连姥姥的主意也敢打。

村里一有杀猪的，二哥就跑得欢了，殷勤地帮忙烧开水，递家伙，就是想要一点下水给虎子增加营养。更气人的是，母亲给我们盛饭时，二哥眼尖手快，总是把稠的那碗端走。背过大人，偷偷地挑出来一些分给虎子。

在二哥千方百计尽心尽力的照顾下，虎子慢慢壮实了，凶悍也暴露出来了。它往门口一站，村里从大人到孩子都害怕路过我家门口。尽管母亲一直给大家伙解释，说虎子就是看起来凶，其实根本没性子，边说还叫过虎子拍打拍打来证明。事实是，虎子已经比村里任何一只狗都高大威猛了。

家里人也已经完全接受了它，不过该踢照踢，该踹照踹。它依旧很是温顺，不会有任何抵触，只有一次例外：二哥做错了什么，父亲气得举起扫帚要打他，虎子不依了，“汪汪汪”地叫着就扑了上来，一口咬住了扫帚，插到他们中间，盯着父亲虎视眈眈，父亲只好作罢——虎子俨然成了二哥的保护神！

我永远不能原谅自己的，是那次收麦时我对虎子的伤害。

那时麦子成熟了，没有收割机，都是用镰刀收割。我也上了小学，负责给在地里收麦的大人们送凉开水，一次拎两个水壶。结果没放稳当，一个水壶摔倒就破了。我自己先吓呆了：天哪，我弄坏了一件家当，一向惜物的母亲会怎样收拾我？想想都害怕。我看到母亲用衣袖擦着脸上的汗朝我走来了，急中生智，我过去就踹起虎子，边踹还边骂，“再跑，再跑，看你把壶撞破了……”母亲到了跟前，也踢了虎子几脚。

虎子一点声音也没发出来——二哥就在地的那头装车。

那天，虎子回到家就一直躺在墙角，心里很愧疚的我走过去看它，抚着它的毛，突然，看见它眼角滑出了泪。直到现在，我说我看到过狗哭，却没人相信。

第二天，虎子又前爪一伸，放在了我的肩头，而后伸长舌头在我脸上胡舔，它原谅我了。或许它压根就没往心里去，自然就谈不上原谅不原谅。

一个春天，二哥出事了，离开了这个世界。虎子陪着我守了几夜长明灯。两个月后，虎子绝食而去。

六十多岁的老母亲硬是不让我插手，自己很费力地在后院挖了一个坑，还给虎子戴了顶小孩的帽子，旁边放了四个馒头、一个碗、一双筷子——据说那样埋，虎子来世就能转生成人。

美文赏析

在家人都吃不饱的情况下，二哥抱回了一只半死不活的狗——取名“虎子”。二哥养大了虎子，二哥去世后，虎子也绝食而死。这样的忠义和深情，令人动容。文章的文笔看似平淡，却有很深的感情。

一匹马的灵魂

朱成玉

那个夜晚没有太多的光亮，我借着桌子上微弱的灯光，看到了这匹马。

它在文字里，又在文字外，它的奔跑溅起了一室的书香。

这匹马一直在我的夜里游荡，有时跃向窗帘，有时攀上雪白的墙壁，有时在我的床上奔腾，有时在天花板上悠闲地散步。我从不怀疑自己触摸到了马的灵魂，它是柔软的，像可以裹缚石子的蚌那温暖的胸膛；它是包容的，像被风沙抽打却依然按时散出新绿，按时洒下落叶的树；它是友善的，你伸出的手，它会用整颗心去迎候，你递过去的诅咒、谩骂和抽打，它会连着草料一同咀嚼，慢慢地替自己化解仇恨。

没有更多的食物来咀嚼，它只好通过回忆来反刍。

这匹跑得最快的马，不仅抛弃了自己的同伴，而且失去了自己的身体。

是影子追着它还是它赶着影子？是宿命控制它还是它逃不开宿命？

那个夜晚，我听到了一匹马的嘶鸣。那本不属于它的马鞍、缰绳，硬生生地将它束缚。在刑具的空壳下，它过早地品尝着生命的衰弱。

它的倒下没有声响，只有长长的如释重负般的叹息。

那是托尔斯泰小说中的马，一匹花斑马，它曾经是骠骑兵的坐骑，它把自己最美好的年华奉献给了主人，可冷酷的主人却毫不珍惜。一次骠骑兵策马追赶他逃跑的情妇，使花斑马积劳成疾毁掉了健康，从此以后，花斑马被主人一次次转卖，每个新主人都对它变本加厉地折磨……花斑马走到了自己生命的尽头。

托尔斯泰的笔触到了花斑马的心灵世界，在它的身上，我们看到了人类中某些相似的形象。

通过托尔斯泰的眼睛和文字，我触摸到了马的灵魂。整个夜晚流淌着清澈的水，使我感觉到那灵魂的凉意。

一匹马，一束滚动的火焰。

月光照在马背上，那旷世忧郁的马，空前沉默的马，将在今夜重新启程，我知道它将驮我去何方，尽管我已隐隐感觉到了自己的另外一种挣扎。

英国作家托马斯·哈代有一次到矿井，发现黑暗的井下竟喂养了一些专门运煤的马，按照这些马的个头，那上下矿井的罐笼是无论如何也装不下它们的，而所有的这些驮马，眼睛都是瞎的。经与矿工们交谈他才知道，原来这些驮马都是在出生后不久就被塞进罐笼运到井下，它们在永不见天日的矿井中饲养长大，它们无休无止地运煤，直到有一天倒下……

我再也无法歌唱，这像丝绸一样忧郁的夜，终于彻彻底底地封住了我的喉咙。

美文赏析

本文名为写马，实则写人，写人与马所共有的对幸福与痛楚的感受。对一匹马的解读，也是我们对人的命运与生存的解读。每个人的心中都隐藏着一匹白马，它是自由、理想与浪漫的象征。文章含义深重，需要细细琢磨。

十字路口处的一匹马

杨尚舒

我是在一个车水马龙的十字路口，遇到了这匹马。

彼时它正被与它一样黑瘦疲惫的主人牵着，等红灯亮起，与行人一样穿过斑马线。我先是隔着马路看到了它晦暗的毛色，像斑驳的墙壁，又像经年不洗的老人身上，一块块的癣。我尽力地将它想象成一匹身经百战的烈马，曾经有过在战场或者草原驰骋的辉煌，不过是因为和平年代的到来，和草场的退化，而与那些失去了草场的牧民一样，迁徙到了城郊，或者是都市。

它身后的车上，是高高耸起的红枣。那样鲜亮的颜色，将它衬托得愈加的黯淡。假若它的个头再矮小一些，我几乎会将它误认为一头沉闷的驴子。它的主人，显然是属于那些无证摆摊的小贩，自己种了枣林，便每天起个大早，赶着它，奔跑上几十里路，来城市躲躲闪闪地边走边卖。

它就那样安静地站在那里，低头，像一个想着心事的孤单的孩子。我经过它的时候，它甚至看都没有看我一眼。我懂得那样的孤单，在一片喧嚣之中，却什么都没有看到，只听见自己的心，在胸腔中，啪嗒啪嗒地走路，一直走，一直走，想要走到一个有温暖阳光的草原，或者可以停驻的家园。

可是它却与我一样，在这个城市里，丢失了自己的家。永远都无法寻到一小块泥土，可以将心植下，长成一株高粱，或者一丛根茎发达的草。

很快有人围拢来，买主人的枣。主人欢天喜地地数着钱，全然忘记了给它丢一把干枯的草，或者像它昔日兄弟们的主人那样，爱抚地拍拍它的脑袋，示意它耐心地等待一会儿。他甚至都没有为它系上缰绳，任那一截绳子，在地上懒懒地搭着。

而它，却没有丝毫的抱怨。它依然温顺地站在那里，如一匹沉默不语的老牛，或者一座静止的雕塑。有生长在城市里的人好奇逗它，主人就哈哈笑着，一拍它的后背，说，老实着呢，不用怕。他说这话的时候，带着杂耍艺人的轻浮，似乎它成了此刻能够博得顾客一笑的小猫小狗或者猴子，只要是主人一声令下，即刻使出百般武艺，取悦肯掏钱出来的路人。

可是它却在主人响亮的巴掌里，忧伤地回头，看一眼那些嬉笑着的顾客，便又低头，做了感伤的诗人。是的，那一刻，它是这个城市里流浪的诗人。

它本来应该是草原上奔腾的勇士，可是它失去了战场，沦为与牛一样拉着车，在城市里为人的生计奔走的工具。它永远都赶不上汽车，汽车溅起的灰尘与泥土，常常就无情地落满了它的四肢。它还被许多人嘲笑，奚落，指责，呵斥。就像我正经过的时候，它被迎面走来的一个城管，拦住了一样。

…………

我想起一个住在草原上的诗人，他常常会在外喝醉了酒，然后被人抬上自家的马，慢慢走回家去。每一次，我们这些住在城市里的朋友都会担心他会在马背上，走丢了。可是，他却总会被马安全无恙地送回爬满牵牛花的篱笆小院。

我们皆称赞他的马是一匹懂得人性的好马，他却摇头，说，生长在草原上的马，与人有一样的智慧。它们只有在奔驰中，才会让人懂得那种与生俱来的勇猛与野性。一旦将它们放逐城市，或者促狭逼仄的马圈，它们宁肯保持沉默，也不会 ，将过去的光环，一遍又一遍地提起。它们是草原上的勇士，如果远离了家园，它们则是最真诚的游吟的诗人。

美文赏析

作者笔下的马是沉默的，叫人同情的，它没有了往昔的豪迈和彪悍，甘愿被人束缚，被当作工具，低着头默默地劳作着。文章也赞扬了马高贵的品质与友善的行为。

班 长 狗

西 风

小狗也有睫毛的？白白短短的，睡觉的时候，两个小白括号趴在眼皮上，弯弯的眼角向下笑，弯弯的嘴角向上笑。

估计它是装着睡着的，把它从床上拎起来往地板上的方便面扁盒子里一放，立马就哼唧着醒了。

然后绕着床跑圈，溜圆的小眼睛雾气朦胧，歪着头看着你又哼唧两声，让人一下子就心软了。揪着脖颈皮拎上来，又特安心地睡着——好像是这床是它的。先是趴着，俩小耳朵耷拉着，鼻头湿润润的，一只爪垫着下巴颏。服了你了，睡觉都能睡出大爷样儿来。一会儿又侧过身，四腿伸得直直的，光板没毛的小肚皮都露出来了。拿手摸摸，只尾巴象征性摇了一下，表示知道了。小崽子平时护肚皮护得死紧，谁摸咬谁，那是最柔软最易受攻击的部位。不知道这种纵容可不可以理解成信任。

我把手拢成圈，过去摸摸它的小鼻头，它梦里觉着了，居然又把鼻头冲我手里塞了塞。你真看准我不会把你煮着吃了？

小狗也做梦吧？不知道会不会梦见“妙鲜包”。不过眼下这个梦估计不太妙，搁我手上的两只爪子在抖，身上肌肉毛皮也轻轻地抖，眼皮也在抖，捅捅它也不醒。现在干脆鼻头连带着两边的胡子和脸颊都一抖一抖的，如果是在做梦跟其他狗打架的话，战争一定升级了。做噩梦都是深睡状态，它快弯成个球儿形了，都醒不了。

趁睡着，我给它拃了拃，一拃半，比刚来的时候长了半拃。

它被我遛惨了——一个半钟头。它自己不肯回来。才两个月大，还是个娃娃，跑起来不惜力，内八字，罗圈腿，像一个男人的四十二号大拖鞋，小尾巴卷得像茶壶把。

这狗儿的亲和力着实惊人，脾气开朗温和，跳着高和人亲嘴，鼻头湿湿的，逮哪儿拱哪儿。拴根绳儿只是象征性地牵着，给它一点小指示，它就能很快地领会。要是个小孩子，估计能当班长——班长狗。

我想起十年前养的一只小猫来了，谁看它它挠谁，要是个人，得是一个叛逆青年。它俩一样的小，一样的活泼，一样的眼睛又大又亮。一样又不一样，无论乖张还是乖巧，都是各自的天性。

到底还是把它拎到盒子里了，弄我一床狗毛。实在困坏了，它也不跟我计较，四脚朝天，俩小胳膊一蜷，护着胸又睡着了。我“哈”一猛笑，吓它一跳，它抬头看看，黑豆似的眼睛对上我的目光，又闭上。居然还打鼾，声音挺大，我笑笑，耍了一个隔空拳给它。

我的生活中，从此就多了一个小友了。以后的日子，很值得一过啊！

美文赏析

文章语调活泼欢快，用这种写作方式来刻画一只乖巧的小狗形象，更能突出小狗的特点。此外，小狗动作的描写更是使它的形象栩栩如生。作者运用了比喻、拟人等修辞手法，读来生动有趣。

我 和 猫

凉月满天

不是“我的猫”，是“我和猫”。

3 年前，夏月，大雨倾盆。一个还没满月的小东西忽忽悠悠在便道上冲我飘过来，没有拳头大，眼神空洞，一边走一边叫。一个失足就是死，公路上车行如飞，水流湍急。我两根指头把它举回来。

3 年过后，它和我排排坐，后腿屈起，前腿展直，整个肚皮的白毛都露出来，从下颌开始，就像一个穿白工装裤的比我小了几号的人，眼神专注而平静，让人只觉众生平等。

我看着她从一个幼儿，长成一个少女，再从一个少女，过渡到青春期，再从青春期长成一个大姑娘。

我是她的第二个“娘”。

小的时候她很娇憨，是个小孩。小孩都贪吃，有一次，它的肚皮大得像气球，都不敢捏，怕捏爆了，小小的身子，里面塞了俩大饺子。

现在它的年龄大概等同于 20 来岁的大姑娘，在我的胸前浓睡乍醒，大眼睛显出一点双眼皮的内双模样，俊秀得不行，我会跟她彬彬有礼地打招呼，说：“嗨，睡得好吗？我这个软垫您老用得可舒服？”它就会大力抻个懒腰，打个呵欠，闭嘴时通常还会留一点粉嫩嫩的小舌尖忘了往回收。忍不住点一点，小小的舌尖就在我的指尖留下一点一转即逝的小温暖，像开过一朵小昙花。

睡饱了，精神了，需要玩点儿什么把精力消耗一下，我就把手蜷进毛衣袖子里面，包得严严的，一伸，说：“咬吧！”它小时候小白牙像针，我不动，任它咬，它咬我就像我咬牛，皮厚坚韧，怎么咬得动。现在则需要采取保护措施了。一晃三年，真快。

它在我这里没有规矩可言。溺爱就俩字，我只说一次。

小时候，猫曾经有个青梅竹狗。

一只小腊肠，不过一个月零十天，尾巴细得像毛线，四只罗圈腿在地上“嚓嚓”地走。猫一见它过来，就把毛竖得跟小柴犬似的，嘴巴张得尽可能大，使劲地“咝——哈——”地恐吓。熟了之后就好了。一只猫一只狗，外面做菜，把它俩关我屋里来。狗一直哼哼唧唧，奈何爪短无力，扒门不开；猫也愤慨地叫了半天，一看没门儿，就有一声没一声地小声哼两下，然后用爪很勤奋地挠门，虽然也挠不开。然后他俩蹲在门前，狗骑在猫的身上，两个人一起期待。

吃饭的时候，我膝上坐一猫，脚下蹲一狗，挟一筷菜，猫先伸鼻子闻闻，狗再冲我叫两声，搞得我喂喂我，喂喂狗，喂喂猫。它们饱了，我没饱。

它们俩天天玩官兵捉强盗，一个追一个跑，追的卖命地追，跑的玩命地跑，马蹄踏踏而过，我天天中午睡觉被逃跑的猫践踏。要不就共同给我设伏，等我从房间出来就一拥而上，猫搂腿狗抱脚，企图把我一举撂倒。

后来，狗走了，被送到朋友家。我看着猫玩一个窄窄的纸边——开信封的时候撕下来的，凌空一跃，扑通躺倒，嘴巴叼，牙齿咬，爪子连扑带挠。以前，这条纸边应该是两个人争抢的对象，猫被撵得直接上炕，一蹿上窗台，胜利地往下看，狗在下边摇着尾巴无奈地瞧。

倘是地板上有一个纸盒子，就会上演攻坚战，猫高踞在盒子上，狗在下边往上冲，你一冲我一挠，你一冲我一挠，看上去就像悍妇驯夫，左一个耳光右一个耳光。

倘是地板上有一盆水，又会上演骚扰战，狗很会贯彻“敌疲我打，敌打我跑”的方针和原则，猫盯着水里的影看得入神，伸爪子去够，湿了，抖一抖，再抖一抖，然后伸脖子下去喝一口，没等它喝到，狗在后边悄悄接近，一口叼住尾巴往后拽，猫急怒转身去挠，狗早跑得老远；这边仍要伸脖去喝，狗又来了……以前只觉得两个太闹，现在只剩了一个，我不是猫，不知道它在想什么，只是替它寂寞。

正午的阳光透过玻璃窗照在宽大的窗台上，猫在窗台晒暖暖，于是连同它一起折射到屋顶，它的影子逼真又失真，明明是躺在那里梳理毛发，却在房顶上那块光线的方格子里，好像是站起来一样。好像它站在玻璃上，下面是灯，返照它的影子在天顶。

昨天有人问我，猫的寿命就那么几年，它死了，你会觉得难过，养它落一场伤心，值不值得？我说，对我们来说，猫的寿命就是那么几年，可是对猫来说，那几年就是它的一生一世，我们陪了它一生一世，它死了，你还会不会难过？朋友说不会了。

可是我会难过，我说，可是我仍旧要养它。

美文赏析

文章里猫的形象被作者刻画得惟妙惟肖。它的可爱、娇憨、霸道布满纸上，文笔中满满都是爱。狗被送走后它的失落，都鲜明地表达出来。本文语言生动有趣，饱满流畅而又深情。

我家的野蛮母猫

瘦尽灯花

我早就读过《一只名叫张来福的猫》，文中表达出对张来福的心喜爱之。那是个体重 4 千克的大公猫——白的，爱撒娇，霸气，擅长拳击，但是出得家门便胆小如鼠。

自从我家有了这样一只小黑猫，而且是母的，而且一样的野蛮、霸气十足的时候，我就开始像阿 Q 一样了，心里想：哼，我家的猫，要好多啦！

我下班回家第一件事，就是温柔地叫一声：“咪，到这儿来。”然后就可以准确地预料到下面将要发生什么：一只小黑母猫以迅雷不及掩耳之势“噌”地一下蹿出来，冲着我友好地张口就咬。然后我就手上吊着一只死不松嘴的猫走来走去。

这也不怪它，它刚到我们家的时候才不过我的巴掌大，刚满月，我经常把我的手在它的头顶上张开又合拢，效仿八爪鱼的姿势吓唬它，刚开始吓得它耳朵背贴着，拼命地后退，直到退无可退，而那怪物仍然紧逼不舍，凌空一跃，逮住撕咬。咬过几回，知道不可怕了，但是却对我的手种下了恶感，一见必咬。家里没有老鼠，这下它有了攻击的对象了。

现在我们一家子都怕它，实在太怕了。这个小东西太厉害，我见过多少恃宠而骄的女孩，没一个比得上它这样趾高气扬的。对于任何人的任何友好的表示，一律报之以咬。人说顺毛捋，你见过不领情的猫吗？我们任何人想要顺着捋它的毛的意愿全部落空。它的爪子攻势凌厉，防守到位，出拳迅速，见一个打一个，再搭上满嘴牙的威胁，谁还敢捋？

眼睛是心灵的窗户，这我相信，不过世人的眼睛色彩相当复杂，不好甄别，爱恨情仇并不能完全准确地从眼睛里被破译出来。在这一方面，我是相当佩服我家的猫的。那样的眼睛，对任何事物如临大敌的防范全集中在两只时刻瞪得圆溜溜的眼睛上了。紧张、戒备、疑虑，还有放纵，于是眼睛就几乎成了三角形了，上边的眼线没有了圆润的弧度，像一张弓的弓弦。它就时刻用这样的眼神和任何风吹草动对峙。

当我为我家的野蛮母猫写下这篇赞歌的时候，对它是有足够的希望的：它将来一定能够成长为一只美丽的大黑猫，毛皮像缎子一样流溢着光彩，而它的脾气也一定会日渐一日地温柔，它现在还只相当一个未长成的疯丫头，有理由撒娇和发威。而任何一个疯癫的丫头，最终可能都会变成安静美丽的大姑娘呀！

可是，它却注定了有一个悲剧性的结局。

小咪，如果你不是厉害到见人就咬，爪子在所有想要抚摩你的人的手上留下一道道的印子，大概没有谁会反对你在这个家留下来直到长成大猫。你的个性太过张扬了。如果你不是让人家确信你比绝大多数的猫都能干，虽然你不曾抓过一只老鼠，却使所有人都相信你会是一个捕鼠能手，那你不会踏上去“异国他乡”为民除鼠的旅程。

你带着我们所有人的祝福，启程远赴朋友家。我们设想，你会在那里大展神威，生活得很好，日渐长大，生养一堆“小厉害”，然后，我们可以再抱一个你的儿子或者女儿回来，好好喂养。

可是，当我们打电话问你的情况的时候，得到的却是你病得要死的消息。到现在，我们才明白，我们高估了你的适应能力——你从来不曾出过家门，如今你既不适应环境，又增加了染上病菌的机会。你这样一个嫩弱的小身体，是禁不住病魔袭击的。你的毛色肯定不再是油黑发亮的了，你的眼睛也不再警觉地大睁着，你成一只丑陋的病猫了。

现在，我写这篇文章的时候，这只野蛮母猫已经死了。

这篇文章，就当给小咪的祭文罢！

美文赏析

作者为我们描述了自家的黑猫看似“野蛮”、实则可爱的性格。文中的猫如同一个小公主，活泼、刁蛮。作者对它充满了深深的期待，期待它长大后如一个女孩一样文雅、安静。可惜，猫被送人，然后病死，作者的失落与伤心在字里行间满溢出来。文章运用了比喻、拟人等修辞手法，读来特别生动。

水牛回来了

江　心

门外传来“哞哞”的叫声，低沉中带着一丝浑厚。老徐将信将疑地去开门，家中的那位老伙计赫然出现在他的眼前。

3年前，老徐在集镇上买回这头水牛。或许，这头牛天生就与他有缘分。第一次见到老徐，它就这么直愣愣地看着他，好像在恳请他把自己带回去。

这头水牛干起活来还真不含糊，田里很多重体力活都揽在它的身上。老徐当然也心疼它，每天亲手为它调制饲料。一年后，村里很多牲口闹瘟疫，方圆几十里不知死了多少头牛。水牛很快病倒在地上，老徐根据一些医书上的记载，胡乱将一些中草药磨成汁液，加入到牛的饲料中。中草药的研磨和熬制很费时间、很费功夫，老徐几乎把全部的精力都扑在上面。饲料调好以后，他还一口口地喂到牛的嘴中。个把月后，牛的身体渐渐恢复健壮，而老徐却因为劳累病了一段时间。

老徐对水牛的照顾，水牛看在眼里、记在心里，干活的时候它总是使出全身的力气。甚至有一次，它还救过老徐的命。那是一个炎热的下午，地上像下火一样，即使站着不动也是大汗淋漓。农家人可顾不上热得难耐的天气，依然要下地干活。老徐干着干着，就觉得天旋地转，随后就失去了知觉。醒来的时候，乡邻告诉他，是牛的叫喊唤来了路人，这才捡回他一条命。老徐感激地抚摩着牛身上的毛，从此以后更加心疼它。

老徐的儿子以优异的成绩考上大学。高兴之余，家里开始为高昂的学费发愁。可是，家里哪有什么值钱的东西？老徐瞥见牛圈中的水牛，此刻它正悠闲地吃着饲料。老徐几次压抑心中的这个想法，但最终还是将牛牵了出来。

他上下打量这头水牛，那么健壮，那么有力，家里的农活缺不了它。

更重要的是，它曾经救过自己的命。老徐的泪水滴在水牛的身上，散成一朵朵水花。

天刚蒙蒙亮，老徐就给水牛喂了饲料。水牛却察觉到什么，怎么也不肯吃。在老徐的安抚下，它才勉强啃了一点。

一到集市，水牛似乎感觉到了离别的气氛，眼里露出了一丝恐惧的光。水牛不断用长长的脸蹭老徐的腿，一下再一下，似乎希望打消老徐卖掉它的想法。每有一个买主和老徐讨价还价的时候，水牛总是轻轻地晃着尾巴，然后用舌头去舔老徐的脸和手。看到有同类被人从集市牵走，它就发出很大的哞哞声，好像相同的命运马上就要降临到它的身上。

太阳西斜的时候，水牛还是没有被卖出去。老徐的心里极度矛盾，既希望买牛人快点出现，又不愿意水牛离开自己。他就这么和水牛对视着，直到耳畔响起一个年轻人的大嗓门，他才从自己的世界中走出来。

这位买主来自很远的地方，买卖双方很快达成了交易的意向。年轻人从兜里拿出一沓钱，好像掏出老徐一家的希望。

水牛的影子渐行渐远，它是被一辆手扶拖拉机载走的。

老徐以为，这一生都不会再见到这头水牛。可是几个月后，门外却响起熟悉的叫声。

老徐一开门就看到水牛，它的身上布满了纵横交织的皮鞭伤痕，有些地方已经出现化脓感染。

老徐咒骂那个虐待水牛的人，骂完以后，又小心翼翼地为水牛进行了包扎。水牛很虚弱，站都站不稳。后来，那个买主来寻牛，老徐原价奉还，把奄奄一息的老牛留了下来。

几天后，水牛死了。老徐将水牛的尸骨埋葬，旁边还出现了一块“义牛”的墓碑……

美文赏析

本文讲述了水牛和老徐之间真挚的故事。老徐不遗余力医治水牛，使它转危为安；老牛卖力干活，甚至还救老徐一命。为了筹钱让儿子上大学，老徐忍痛卖水牛，水牛受虐待，不远千里，最后辗转回到老徐身边，默默死去。动物跟人一样，知恩图报。

猫和人的“通感”

张　鹛

家里来了客人，我送客人下楼的时候，没有关门，家里的猫跑了出去。

隐约听到猫在楼上叫，逐层寻找，没见；又下到地下室，没有。心里想着不妙。冒夜挨门去问，三楼人家说有一只猫闯进家里，被他们驱赶，吓得乱钻，从西边窗口跌了下去。

冲到楼下，楼体和西边墙壁中间有一个夹道，它必是跌进夹道。可是夹道被一楼人家安门上锁，安放杂物。我又跑去敲人家门，应门的老头儿满不乐意，勉强拿钥匙给开门，嘴里嘟囔：“猫不会跑吗？它会在那儿等你找吗？”我不理他。

夹道里一片漆黑，我一边唤它的小名，一边东摸一下，西摸一下。一摸摸到一团废纸，一摸摸到一团垃圾。本来有眼镜的，可是顾不上回家拿。眼睛逐渐适应黑暗，看见黄白色的一团，一摸是温暖毛茸的毛皮，大喜过望，一把抱起。它出了爪，爪钩抓住我的睡衣，也抓到皮肤，却只是一点点尖尖的疼，伤不及皮肉。就那么哆嗦着窝在我的怀里，我也顾不上向一楼邻居道谢，只一个劲安抚它：“宝贝咱们回家了，没事了，没事了。”

一溜烟回家，关门。想把它放到地上，一看衣服上全是血。

瞬间崩溃。

我号啕大哭：“妈妈对不起你，妈妈对不起你。”口鼻里的血在不停地流，它挣开我的怀抱，钻进小卧室。我去找它，它又钻了床底。我把床拖开，把它强抱出来，它的血水混着口水，把下巴的毛黏得红红的，一绺一绺。

我心如刀割。

干什么要把它逼到死角？干什么非逼得它跳楼？若不是家养的，是一只流浪猫，岂不是死在外头也没人管没人疼。谁体谅它吓得心胆俱裂的恐惧？谁体会它从 9 米高处一头栽下的痛楚？就因为它是猫吗？就因为它不是人吗？

猫又挣脱我，跑到客厅。它以往爱玩的游戏是从地面跳到书柜的边角横楄，再以此为中转，跳上高高的电视柜顶。可是如今它跳了一下，又跌了下来。我把它抱到横楄上，它就恹恹奄奄地卧在那里，眼里泪珠子蒙成厚厚的一层膜，眼光看起来都是散的。

看着它哭，我也哭，哭一会儿，它看看我，抬头看看电视柜顶。我知道它的意思，就搬一把椅子，在椅子上墩上一个圆凳，然后抱起它，送上去。它上去又无力地趴卧在那里，下巴长了红色的胡子。我站在圆凳上和它对视，我们两个的泪都像断了线的珠子。

对视一会儿，它又闭上眼睛，小鼻头上一层血，憋得它打喷嚏，血沫子喷到我胳膊上。客人来之前，我洗了个澡，又捉住它给它洗了个澡，洗得它白净净，香喷喷。如今却是如此。早知如此，悔不当初。可是这话一说出来，就已经不是当初了，回不去了。

它在客厅的电视柜顶待了一夜，我在客厅的沙发上守了它一夜。一个，漫长的，不眠之夜。

清晨，又一次蹬凳子去看，它下巴的毛干了，纠在一起，血倒是不再流了，鼻子上也凝了黑黑厚厚的血痂。我回卧室补眠，它居然跳下来，也进了卧室，还大模大样在我铺垫的小红绸褥上尿了一泡。我看着它尿完，乖乖拿出去晾，只要它能好，它把我床当厕所我都乐意。

然后它又从我的床上跳上屏风，又从屏风跳上大衣柜，窝在那里不动了。看着它往上蹦，我好欣慰。

抱着它去宠物医院，拿了药，看着它一天天好起来，这一关熬过了。真好。

我不是激进的生物保护主义者，我就是觉得人和众生灵之间少了一点

“通感”，所以不能恐惧着它们的恐惧，疼痛着它们的疼痛。其实何止于此，人与人之间，岂非也是少了一点“通感”，所以也不能恐惧着别人的恐惧，疼痛着别人的疼痛。

问题提出，解答它我却是不能。

美文赏析

文章精简地叙述了作者的猫从三楼摔下去事情的始末，最后点明之所以有这样的危险发生，是因为人与动物之间没有“通感”。如果三楼的人家与动物之间有了一点“通感”，就不会有这样的悲剧发生。人与人之间更应该如此，多一点体谅，多一点理解，少一些警惕与敌视，世间才会变得越来越温暖。

与猫并肩坐在窗后

包利民

很小的时候，一直不喜欢猫，虽然那时的农村几乎家家有猫。可能不喜它们的昼伏夜出，不像狗般讨人欢心，且带着一身慵懒诡异之气。并时常在极深的夜里，幽灵般归来，穿行于炕上熟睡的家人之间，使我于梦中惊醒，望见一双碧莹莹的眼睛。

转变发生在高考的那一年。在县城里上学，3 年间只有寒暑假回到乡下。忙忙碌碌于宿舍教室之间，栖栖惶惶于书山题海之中，日子沉重而迅疾。忽略掉太多青春中的色彩斑斓，就连梦里也是一片泥泞。想起家里的那只黑猫，便无由地羡慕起来，它可以在阳光下惬意地舒展身躯，睡得安详平稳，可以在黑黑的夜里精神抖擞，高来高去地自由驰骋。没有什么负荷拖住它轻盈的脚步，也没有什么压力困囿它的心。

高考结束后，自知十分不理想。回家等消息的那段时光，起初是很焦躁而难熬的。有那么一天，正是午后，家人都去田里干活。我坐在炕里头，双肘支在窗台上向外无神地看。黑猫忽然醒来，从我身旁跃上窗台，坐在我的手边，也眯眼向外观望。窗外，八月的阳光正火热，南园中的老杨树，每片叶子都在微风中舞蹈，更远处，是村南无边的草甸，目光的尽头，蓝与绿融合于地平线。沉重的心情蓦地轻松起来，身旁的黑猫亦是安静无比，每一根毛尖都绽开着一朵金色的阳光。它的目光好像也望向天地的极远，只是不知它的心中究竟在想些什么。

我喜欢上了那样沉默的时刻，与一只猫并肩坐在窗后，看外面变幻的天地，就像坐拥流年，看日影西沉，没有伤感，只有无边无际的安宁与平和。知道落榜消息的时候，没有当初想象中的悲伤失落，当时正与黑猫坐在那儿张望那一片天地的辽阔，消息只如一枚石子入水，只有涟漪，没有波澜，而轻波散尽，依然水澄天清。

家人视我此时极为反常，反而担心了好多时日。多年以后，我已远在千里外的城市，生活变更了一种新的忙碌与艰辛，却更易消磨心绪，沉沦麻木。日复一日地早出晚归，最后，竟忘了最初的目标是什么。每日里的沉默，早已没有安宁的意味，更像是一种无言的承受。当年的黑猫已无法入梦，漫漫的风尘，早已埋葬了往昔的短暂无忧。

只是有那么一天，去邻家，与一只猫邂逅，往事才苏醒过来，破土而出，发芽拔节，瞬间生长成一片葱茏。当年的黑猫在心里也清晰起来，还有那许多窗后的日子，仿佛时光流转，尘埃落尽，往事如昨。回到住处，坐在窗后，向外望去，虽然身旁没有了当年的黑猫，可我知道它就坐在那里，一如从前。外面是小兴安岭初秋的晴爽，岭树山云，氤氲变幻，而我，曾错过了多少四时的宁静与感动。

与一只猫并肩坐在窗后，坐在流年深处，忽然便明白了所有烦恼的来处。生活一直美好，只是我没有能心平气和地安坐，更无法驰心骋怀地遥望，心于躁动中蒙尘，疲惫不堪。我想，从此，是离不开那只猫了。

美文赏析

本文以猫为名，主体却并不是写猫，而是在写自己的一段失意的经历。而从黯淡中走出来，猫起着一个关键性的作用。虽然它只是无言地相伴，一起看着外面的世界，可是在那一份安静中，心灵就会得到一种升华。文章淡然氤氲，意味绵长。

丑　狗

晓　雷

小时候，家里养了一条黄狗。父母喜欢它，可我不喜欢。因为狗腿畸形：上节向外翻，下节又向内斜，好丑啊！而狗也好像知道我讨厌它似的，一看见我就躲得远远的。

嫌弃这条狗，我就经常说它难看，并一次次地鼓动父母卖掉——而卖到哪里，卖的结果我却从没想过。父母都舍不得，父亲还多次强调“养过几条狗，数这条最聪明”，但我还是嫌弃它，依旧劝说父母卖掉，也终于得到父母同意。开始我还特高兴——以后再也不用见到这条丑狗了。

一天中午，我一进家门，就感觉气氛不对。母亲面无表情地告诉我：“等一阵你大方哥就来了，他帮忙卖狗。”看表情，母亲还是舍不得。

很快，大方哥来了，手上还拿着一根绳子。狗反常地一见大方哥就万分惊恐地夹着尾巴缩到墙角，难道狗听懂了人的讲话，或者嗅出了空气中的气氛？大方哥跟我父母打完招呼就去捉狗，狗哀鸣着四处躲藏，但还是给他极为熟练地捉住了。四条腿分别用绳子系住，从两边拉到背上，再把绳子在背上打结系在一起。立即，偌大的一条狗就萎缩成了一团毛茸茸、不能动弹的四不像。我猜四条狗腿一定严重骨折甚至于断掉！

狗好像知道是我陷它于如此悲惨的境地，它眼巴巴地看着我“呜呜”哀鸣，眼里满是悲哀绝望。

事情来得太快了！其实在大方哥开始捉狗的一刹那，我就深深地后悔卖狗了。我真想说一声：“不卖了！”但又觉得人都来了，说不卖就是不守信用。迟疑不决的我就一直呆立着一动不动。而我的内心却翻滚了无数的念头：一边在卖与不卖之间犹豫，一边深深地痛恨自己——仅仅因为不喜欢狗腿的样子就害它受如此酷刑。我也怪大方哥狠心，怎么能这么不顾狗的伤残疼痛像捆什么物品似的捆狗呢……

后来才知道那条狗卖到了屠宰场，卖了 10 块钱。

而害狗丧命的不是钱，而是我的一念之差。真的，丑陋的不是狗腿，而是我狭隘的丑陋心态。

稍大，耳闻目睹了更多的无常世事，我常常思考生命的问题。我觉得，无论动物还是植物，任何一个来到这个世界的生命都有它生存的权利，人类无权剥夺，站在生命的高度，则是“众生平等”，每一种生命都同为大自然的儿女。人类又有什么资格与权利虐杀他们的兄弟姐妹呢?

时隔这么久，我还不时颇为愧疚地回忆起那条狗，而一想起它，它那哀怨绝望的双眼好像还在望着我，它的“呜呜”哀鸣也好像依然响在耳边。

美文赏析

“我”仅仅是因为这条狗太丑了就主张卖掉它，结果换回10块钱，葬送掉一条生命。文章以此作为反思的抓手，呼吁读者尊重生命，和大自然的一切生命和谐共存。

文章是先记叙事件，再延伸出哲理，逻辑链条完整，哲理表达清晰。

第二辑

花开得意

“把你的身体穿进这些衣服里面，它们会把你带到何处呢？”一位英国女作家，爱尔·罗丽在《世界服史》一书中，以感性而充满悬念的语气如是说。那么，把你的鼻子钻进酒杯一样的曼朵花里，这花香又会把你带到何处呢？真是一个充满悬念的故事。

花朵的洪流

方爱华

草木颜色的转变是逐渐发生的，先是灰色，青色，嫩绿，葱绿，等林子里是一片墨绿的时候，整个春天也就过完了。林子里变得安静起来，葱绿一色，让人心生一种爽意。而花色看起来，总显得有点杂乱、喧嚣。我想世上没有一个人能说清它们究竟有多少种色彩，即便是最出色的画家，又能调和出它们的万分之一么？至于花事，更加不必说了，简直是纷繁。

随处一块草地上，你会看见一些椭圆形、紫红色的花蕾，这就是有名的白头翁。它们虽然看起来娇嫩，但算得上勇敢的花。紫色的柱头也被金黄色雄蕊环环围住，浑身上下白茸茸的毛，像是专用来遮风避寒的。你看到萼片内部极致诱惑的颜色么？有种不可捉摸的感觉，像刚刚做的一个好梦，恍惚、朦胧，发着紫红色的光。

大丁草开得很含蓄。我看见它的时候，周围还附了一层薄薄的冰。也许是动了凡心，为春天诱惑，它赶在芳菲将尽的人间四月开放，为红肥绿瘦的山野草地再添上点点亮丽。

如果你去到田野、山坡，经常会被堇菜属的小花们梦幻一般的颜色所惊艳。一小束一小束地挤在一起，怕冷的样子，令人生出一种喜悦与亲切感……它们是那样矮，那样小，质朴的模样，很容易让人忽略。它们在泥土里偷偷探出细瘦的身子，把一张张稚嫩的小脸埋在枯干的草叶子下面，仿佛在悄悄打探着春天的消息。或许，只有在早春的萧瑟中，人们才会注意到它们的存在吧。然后漫山遍野的杜鹃花、野玫瑰开始泛滥，简直要迷乱人眼。一个多姿多彩的山野的春天终于完整地拉开了序幕。

立夏一到，蝉儿开始鸣叫，半夏、木槿开花了。端午节前后，蜀葵也按时地开放，大概也因此人们又叫它端午锦。它的花也别致，喧闹的颜色，一节一节地开上去，很有意思。《枕草子》里说："节日，莫有胜过五月五日者。菖蒲和艾草纷纷散发香气，扑鼻愉悦。"那感觉是好的，一个个原本孤寂平凡的日子忽地清香浓郁起来，有了草木的清气。

倭瓜、丝瓜、黄瓜这些家常蔬菜的茎蔓开始爬藤上树了。紫藤紫莹莹的花，一串一串，串起梦里的星星。豆角趁人不备，不仅上树，也都上墙了，在空中举起一枚枚绿色"小月亮"，仿佛月亮和星星也都上了树。爬山虎、牵牛花、马兜铃这些大显身手的藤蔓植物，在树木和山石上虽然如泼似倒，反倒让人安静下来。也许，植物和我一样，到了山里，一切都变得很快乐。沿着蜿蜒的山径向上走，时不时，会有几朵红色的山丹丹向你跑来，它们是山林的小女儿，有着活泼可爱的个性，跑到哪里，哪里就燃起一团火。

桔梗是端庄的淑女，穿一件喇叭似的裙，让它看起来孤高、特异、卓绝。那裙的颜色真蓝，似乎比天空的蓝色更开阔一些，像万里无云的好天气；也有点淡淡的忧郁的紫，也许是紫色本身让它有了出尘的味道，拉开了与玫瑰、牡丹等高贵颜色的距离。如果用花来形容，那颜色更像一片朴素的薰衣草花田，斑驳、幽深、宁静，然而因着风和跳动的阳光，它又是活泼的、涌动的。转头间，瞥见一只鸟停在一块山石上。真是一个宁静的夏日。

草木犹如蹁跹少女，经历着一场青春的赛跑，雨水、惊蛰、春分、清明……来到夏天的时候，她已经不动声色地高过你的鼻翼，然后又迅速长过你的额头了。生命旺盛而饱满，连颜色也愈发地浓郁起来。

我愿意，用一种最贴近的姿态，去慢慢感受这些植物。

自然界的生生不息给我带来许多安慰，而观看野花的生长过程，让多少芜杂都化为清净。希望有朝一日，能叫出每一朵花的名字，熟悉每一朵花的面孔。

美文赏析

本文写了作者爱花的种种表现，细致而准确地描绘了各种各样花的颜色、形状和神韵，把花比喻为翩跹的少女，表达了对花儿们的喜爱。同时也抒发了自己热爱大自然，追求心灵清净的性情。语言准确鲜明而生动，内容丰富有趣。

荒街春绣地丁花

梁新英

残雪消融，空气里漾着泥土的新鲜气息。衰草里有抹儿绿意，细长的锯齿形叶子，放射状匍匐于草丛，以一丝新绿撕开冬日弥漫的萧索，那么柔弱，又那么坚强，它就是婆婆丁。

婆婆丁的花金黄色，铜钱大小，小小花朵胜却温室里的姹紫嫣红。它矜持地笑在绿草丛中，这朵还没谢，那朵紧跟着开了，接力一样，唤醒小草，唤醒各色野花——婆婆丁是春的代言人。

故乡的春天，我最喜欢挎着篮子和伙伴们到田野、河滩挖婆婆丁。那时漫长的冬季，餐桌上是一成不变的老三样：土豆、酸菜和咸菜，单调乏味，婆婆丁的新绿勾引着家人的食欲。父亲把葱叶和婆婆丁裹在一起蘸酱吃，大口嚼着，仿佛在享用极好的人间美味。我依样学吃，实在难以下咽。小孩子的味蕾天生拒绝苦味，婆婆丁没能成为菜肴上的新宠。

不过，我和妹妹挖婆婆丁依然卖力。婆婆丁若生在贫瘠的土地，经脉红褐色，叶子清瘦狭长，苍凉坚韧，呈现生命的尊严和热烈。这样的婆婆丁虽有禅意，充满哲学意味，却不如低洼向阳处叶子肥嫩的婆婆丁口感好。挖到肥美的婆婆丁，忍不住呼朋引伴地把玩一番。斜阳里，我们提了一篮子的欢悦回家。

长大后离开家乡，来草原上的小城工作。一次在路边发现了婆婆丁，那份激动和亲切，如同他乡遇到故知。婆婆丁是蒲公英的乳名，别号“黄花地丁”。诗云“废苑莕生天子笔，荒街春绣地丁花”，婆婆丁不苛求生存环境，有一颗随遇而安的心，长在废苑荒街，甚至长在水泥地的缝隙里，只要有丁点儿的土地，就扎下根，冲破石头砖块的阻挠破土而出，开出一季一季的繁华。即使被人畜踩踏，被车轮碾压，茎叶受伤，仍然不顾一切地生长。

再吃婆婆丁依然感觉味苦，却有了回味的悠然和牵念。每年不吃几次婆婆丁，不亲自挖一次，似乎那个春天就缺少些什么。人的饮食习惯里有着童年的影子，或者故乡的情愫，那是岁月留给我们的印痕。

蒲公英清热解毒、消肿散结，中医的消炎药里常见它的踪影。进入小康生活，人们追求绿色食品，讲究养生，婆婆丁大受青睐。春天阳气渐升，人肝火旺盛，生吃婆婆丁能败火。用开水焯一下婆婆丁和肉馅儿，饺子的味道清鲜。有一种特别的吃法：将刚出锅的肉丝酱盖在婆婆丁、鲜葱和香菜上，把蒸熟的土豆搅成泥，放一起搅拌，这道美味让人胃口大开。

春吃婆婆丁，夏晒茶。我有两包特别的婆婆丁茶，一包是我的学生晒的，一包是父亲晒的。

我有咽炎，听说喝婆婆丁茶能减轻症状，那个夏天——预备铃响过，教室里空无一人，我正疑惑。叫思奇的男孩儿抱着婆婆丁跑进来，把婆婆丁放在讲台上，抹了把汗，红扑扑的脸儿瞬间成了花猫脸。那么爱干净整洁的他，白T恤的胸前被婆婆丁的浆汁和尘土涂抹得面目皆非。他笑着，笑容干净快活。

跟在后面的有班级里的淘气包、学霸、娇气的女孩子，手里无一例外地抱着婆婆丁，脸儿晒得红红的。楼前草地上的婆婆丁茂盛，趁午休时间，孩子们顶着大太阳用剪刀或者刻刀去挖。将洗净晾干的婆婆丁包进素花布袋，这包暖心茶意义非凡。

另一包婆婆丁茶是“老爸茶”。父亲一生勤劳，患脑血栓后走路不利索，一瘸一拐的。他到小区周边的草地上挖回婆婆丁，和母亲择好洗净晒干，亲自送到我家。不知行动不便的他是怎样走过来的，途中歇了几歇，到我家时后背的衬衣湿了一大片。父亲一再嘱咐我要坚持喝婆婆丁茶，对嗓子好。

没到新晒婆婆丁茶的时候，父亲永远地离开了。

婆婆丁朴素、平凡，却给人力量和坚定的信念。它是亮在大地的一盏小灯，微弱却生生不息。它是我在人间寻得的好药，不名贵，却能治愈冷漠，为失血的灵魂止痛。

美文赏析

本文中心是常见的野菜婆婆丁，由童年对它的回忆开始，写到学生和父亲挖婆婆丁制茶为“我”治疗咽炎，字里行间流动的都是爱。文章语言朴素平实，感情蕴含其中。

蜀葵花歌

凉月满天

唐诗人岑参有诗《蜀葵花歌》："昨日一花开，今日一花开。今日花正好，昨日花已老。始知人老不如花，可惜落花君莫扫。人生不得长少年，莫惜床头沽酒钱。请君有钱向酒家，君不见，蜀葵花。"

——蜀葵，我们本地并不叫蜀葵，小时候亦且不知道它的名字叫"蜀葵"，更不知道它是因为原产四川，所以才叫"蜀"葵，而只叫它"曼朵花"。

至于为什么叫它曼朵花，无考。如今一叫"曼朵花"，眼前马上闪过它扁扁的籽，直直的秆，宽大如掌的叶，大酒杯一样的红的白的花。直直的花秆上，上开一朵，中开一朵，下开一朵，一根秆子串起来长长的一串。一丛曼朵花，花秆高低错落，风一吹摇摇摆摆，花朵也高低错落，风一吹摇摇摆摆。单瓣、薄片、皱皱的，看上去像绉纸扎的，偏偏花片的质地是光润的，像丝一样，像绸一样。

这花且是好养活，只消把扁扁的籽随便洒在土里，夏日就能够在亮烈的阳光下一丛一丛地开。开在青灰的墙下，像田园里的一首小诗；开在废弃的窗棂下，像一阙被人遗忘的词；高低错落地开在白墙边，像谱出来的一首无字歌，你可以试着唱一唱。

据说曼朵花还有一个名字，因为曼朵花开得茂盛的时候，花秆真的可达丈许，且曼朵花如果开红花，又且是艳光四射，说它是一丈红，是名副其实的。

明代成化甲午年间，日本使者来到中国，见栏前蜀葵花不识，问之才明白，遂题诗一首：

花于木槿浑相似，
叶比芙蓉只一般。
五尺阑干遮不尽，
独留一半与人看。

说的是蜀葵的花和木槿的花有些相似，叶又和芙蓉的叶子一样。且又长得高大，五尺高的阑干都遮不住它的花影，它能够高高地冒出头来，给人看它的红脸白脸。

它还有一个名字，叫“大麦熟”，这个就好理解，因为它开花的时节，正是麦子成熟的时节。田野收割后的麦茬子还黄黄地戳在田里，播种下去的玉米已经萌了绿绿的宽叶子，整个世界一片枯黄深绿，看得久了，眼睛舒缓之余，有些疲累。这个时候再看见红红的曼朵花在风里摇摇曳曳，就觉得平淡的时间和田野也有了好的颜色。

我的茶几上有一个素白的花瓶，有一年我还特剪了两枝曼朵花插进瓶里，映得黄的竹几和素白的瓶都好看起来。可是也不过是插了这一年，后来便懒得再剪它插它，实在是太多了。在农村，出门即是，人家的篱边墙外，处处存在。

怪不得一个唐人叫陈标的，会写这样的诗：

眼前无奈蜀葵何，
浅紫深红数百窠。
能共牡丹争几许，
得人嫌处只缘多。

也不是嫌，只是开得多了，就眼见心不见了。

相传古时候有一个人叫王其祥，百花之中独爱蜀葵。一天他在花园里睡着，梦中有一个青衣人带着他去看仙子歌舞，正值陶醉之时，忽然梦醒，心中惆怅，眼前只见随阵阵清风摇摆的蜀葵，于是，他给自己取了一个“蜀客”的别称。

“把你的身体穿进这些衣服里面，它们会把你带到何处呢？”一位英国女作家，爱尔·罗丽在《世界服史》一书中，以感性而充满悬念的语气如是说。那么，把你的鼻子钻进酒杯一样的曼朵花里，这花香又会把你带到何处呢？真是一个充满悬念的故事。

美文赏析

本文以岑参的诗《蜀葵花歌》作引，点明本文主题是要写蜀葵花。然后，洋洋洒洒，把蜀葵花做了一番生动细致的描摹，文笔流畅，结尾引人遐思。

石榴树开石榴花

瘦尽灯花

少年时，家里种着一棵石榴树。那种老式的带前檐房子，墙面贴的是红红绿绿的碎石子，已经被安放在阳台上的蜂窝煤炉子熏得乌漆麻黑。走下几级洋灰台阶，院里散堆着些煤块啊、劈柴啊、水桶啊，乱七八糟的东西。

石榴树就种在台阶旁边，五月盛夏时节，油绿的叶，满头开红花。红色的、长长的花托子，像蜡片剪就的，又光又亮。鲜红的花从花托子里一点点挣出来、冒出来、开出来，像美人唇上的胭脂，像刺绣的人被针扎了手指头，圆圆的血珠子沁出来。

为什么想起这些，因为出小区门的路边，红砖墙头，攀缘着一壁的爬山虎，旁边种着一株石榴花。也不知道这两种植物怎么就纠缠到了一起，好像是爬山虎嫌自己只有绿叶，就厚脸皮地扯过石榴树开出的红花，满头满脸地把自己罩了起来。红花斜斜地伸向丽日晴空，劈头盖脸的太阳光洒下，它一点也不怕。

透过阳光瞧去，它却又不是猩红，不是血红，是红里透着一些黄，像是血里搅了些阳光。晃眼反光的水泥路上躺着几朵石榴花，花形有些皱缩。

花必须老。老了，小青石榴才能出场，一点点吸收着光阴鼓胀起来。待其成熟，满树挂起红灯笼。

倘使把这石榴花扎紧口，吹饱气，鼓起来，差不多也就成了石榴果的模样。石榴果真是一种奇葩的果实，饱满的石榴籽，个顶个的粉红色、深桃红色，晶莹欲滴。也有白色的，但是不如粉色和桃红色让人有食欲。可是每一粒都是大大的核，薄薄的皮。吃一粒不过瘾，吃一嘴要吐一嘴的籽。

李商隐有《石榴》诗："榴枝婀娜榴实繁，榴膜轻明榴子鲜。可羡瑶池碧桃树，碧桃红颊一千年。”这么一个羞涩的、爱用隐语，说话让人半懂不懂的诗人，难得写出这么颜色鲜明的诗来。

石榴是中秋时拜月的好水果，和苹果、梨一样，被我奶奶和我母亲拿来供奉在月前。我奶奶当年病重，在阳台上萎靡地坐着，晒着阳光，呆呆地瞅着阶前的石榴树。那年我读高二。奶奶没能熬过当年。生命是这么样的一种东西，活着时许是曾经鲜艳，许是曾经饱满，如同石榴熟得裂开了嘴。可迟早会瘪，会萎。

自从母亲去世，我知道我的心理出了问题。起初的发狂和悲痛过去后，心情渐渐平复下来，结果却成了这个样子：就像眼前是一处悬崖，直挺挺立在边上，想绕过去没力气，想走下去又懒得动。好吧，那就在跟前立着吧！

后来也不知道怎么，就逐渐自愈了，就好像不知不觉地从深坑里爬了上来，又开始过起寻常的日子，有了力气上班下班、逛街吃饭。人的心，天生就有自我疗治的能力。

看见石榴花，是有心情看石榴花的时候发生的事。其实它早已开放，它一直就在那里，是我心里看不见它，所以眼里就看不见它而已。王阳明说：“你未看此花时，此花与汝心同归于寂；你来看此花时，则此花颜色一时明白起来：便知此花不在你的心外。”

差不多就是这个意思。

我又活了。

美文赏析

本文既写了石榴花开，又写了石榴结果，从自然界的石榴，写到了人生中如同石榴一般的况味。由花到果，由自然到人心，遵循着生物的逻辑规律和文章的逻辑顺序，读来十分舒服。文末只有四个字“我又活了”，却含蓄地表明了生命的强度和韧性。

美人不能哭，哭就是梨花带雨

西　风

《金瓶梅》里是有好词好句的，其中有一段写春天的真是写得不遗余力地到位：

> “一年四季，无过春天，最好景致。日谓之丽日，风谓之和风，吹柳眼，绽花心，拂香尘。天色暖，谓之暄。天色寒，谓之料峭。骑的马，谓之宝马。坐的轿，谓之香车。行的路，谓之芳径。地下飞的尘，谓之香尘。千花发蕊，万草生芽，谓之春信。韶光淡荡，淑景融和。小桃深妆脸妖娆，嫩柳袅宫腰细腻。百转黄鹂惊回午梦，数声紫燕说破春愁。日舒长暖澡鹅黄，水渺茫浮香鸭绿。隔水不知谁院落，秋千高挂绿杨烟。端的春景果然是好。”

这样好的春景，万花齐放，怎么能少了梨花的影。

年年去到百里之外，河北赵县的那一大片梨乡花海，绕树看梨花。梨花花期不过十来天，专程来看花的人如果踏不住点儿，那便不是恨来早，便是恨来迟。

那里田地种的全都是梨树，清明前后，花白如雪，绵延不断。梨花田里有农人劳作，有看花的人他们也不吃惊。

梨花白白的瓣儿，淡绿的花心，花心里冒出白的蕊，蕊头又是淡绿的珠。玉白、淡绿，两种最简静的颜色搭配在一起，拈起一朵，向蓝汪汪的天空擎起来，好像能看见梨花说不出口的千言万语。

梨花是一种很静的花。其实乡野的花，梨花、杏花、桃花，还有一些不知名的小花，都是很静的花。这种静气若是铺天盖地地铺展开来，很容易把人的心思也压静了，一个人静悄悄地在梨树间攀走，看这一朵朵小小的白花绽放在晴空下。花心是淡绿色的，开满梨花的枝子一转一折的，上得了画。

整整一大块的梨田也上得了画，一棵棵梨花树排列得横平竖直，但是枝子横逸斜出，彼此牵手搭起拱桥。横横竖竖地望出去，梨花搭成的横斜错落的拱桥就向远处绵延伸展，尽头是一小洞的天光。

这个时候，心也是静的。无风无雨，万树梨花开。

清清白白。

梨花适合简静的人看，也适合形容简静的人生。“梨花院落溶溶月，柳絮池塘淡淡风”，若是谁家有这么一个院落，院里种着梨花，花开在月下，那是怎样的境界；门外又有池塘，塘边又植着垂柳，柳絮又处处飘飞。这样的景致好得让人心疼。一个人在梨花树下看看月亮，踱到池塘边捉捉柳絮，无所用心，情思安稳。

梨花是这样一种花，很容易为人所忽视，但是又有很多人不想忽视它。所以清代戏曲家李渔也赞它：“雪为天上之雪，梨花乃人间之雪；雪之所少者香，而梨花兼擅其美。”李白是大爱牡丹的人，但也写道：“柳色黄金嫩，梨花白雪香。”

青天白日底下的梨花看来干净而安静，自来的素淡动人。如果下雨，乖乖不得了，好像被施了魔法，一下子就变得妩媚动人。即所谓的“玉容寂寞泪阑干，梨花一枝春带雨”。

——美人不能哭，哭就是梨花带雨！

其实梨本就是中国本土栽培的果树，在《诗经》里已经有记述：

> “鴥彼晨风，郁彼北林。未见君子，忧心钦钦。如何如何？忘我实多。

山有苞栎，隰有六驳。未见君子，忧心靡乐。如何如何？忘我实多。

山有苞棣，隰有树檖。未见君子，忧心如醉。如何如何？忘我实多。”

飞鸟从空中掠过，树木郁郁葱葱。见不到心中的人儿，心中不由发出叹息，为什么要把我忘却。

山上有茂盛的栎树，山下有结满榆钱的榆树。心爱之人在哪里，心中早已不知快乐是什么样的，为什么以往甜蜜就这样淡忘。

山上有挺拔的棣树，山下有硕果累累的梨树。我爱之人离我而去，心中忧愁如同喝醉了酒，为什么你把我忘记多时。

“树檖”被解释为：“一名赤罗，一名山梨。其果实较一般梨子小。”

如今梨树越培植越好，结出的梨子品种也越来越多。

晋代葛洪撰写《西京杂记》记载：“瀚海梨，出瀚海北，耐寒不枯。”“瀚海梨”指的就是库尔勒香梨，皮薄、肉脆、汁多、味甜、酥香、爽口，且耐储存。印度人称其为“王子之物”；而赵县梨花落了后，结出的梨是雪花梨；除此之外，华北还有鸭梨，果梗处凸起似鸭头。安徽砀山酥梨，山东有莱阳梨……

梨花可赏，可戴，可折来插瓶；梨可食，可作清供。这样的爱物，怪道人对它心心念念。

美文赏析

文章概括了梨花的特点是素雅简静，但是却又深入挖掘了它经雨后的妩媚动人；文章花大篇幅写了梨花，却又在后半部分分出笔力写了梨子，因为唯其如此，才能表明中心：梨是爱物，人们也爱它的花，也爱它的果。引用《诗经》中的诗篇增加了文章的知识性。

牵牛花的生存哲学

张　鹛

今年第一次见到牵牛花，是在远离村庄的麦田地埂，时序是盛夏。我也不知道它居然会跑这么远。远离人家居处、篱笆墙下，不端不正的，你跑来人家麦田边守着什么，真当自己是牛了？

十几年前，一时兴起，在阳台上摆一个花盆，花盆里种上了牵牛花的种子，再给它在阳台上抻起了细铁丝织成的网架子。牵牛花出土，开始绕丝攀藤，长枝呀，长叶呀，开花呀，忙了个不亦乐乎。它的枝尖会伸得长长的找攀缘的扶手，找到了就一圈一圈地缠上去。我看了它一夏天的红花、粉花、白花和心脏样的绿叶子。

到冬天，它便枯死。变得干枯的黑枝子纠成一团，真心的不好看，就像撩开花开如焚的帐幕，看见山寒水瘦的现实。

可是后来我却觉得，这样的花只宜作野花，不该在家里养它。过日子讲究心思简静，日子过得盘靓条顺，这样心思纠结缠绕是什么意思？所以后来就再没种过了。

牵牛花有它的药用，具有逐水通便、杀虫、消积等功效，主治肢体水肿、便秘、虫积腹痛等症。早在南北朝时期，牵牛花就被本草学家关注，南朝的陶弘景还特意解释了“牵牛”这个名字的来历：“此药始出田野人牵牛谢药。”

就是说，山野村民得了病，医生用药给他治好，他为了答谢医生，就牵了头牛作为谢礼——医生用的药，就是牵牛花了。这件事被李时珍收录在了《本草纲目》里头，以此解释“牵牛花”这个名字的由来。

如何药用是医生的事情，但是乡村人家离不了它是真的。不是离不了它，是它离不了我这乡村人家。俗话说："秋赏菊，冬扶梅，春种海棠，夏养牵牛。"隐逸之士种菊花，高洁之士赏梅花，闺阁弱女观海棠，披蓑戴笠的农人牵牛种地之余，能扫一眼两眼篱笆上的牵牛花，也就很好了。

至于小孩子，是可以随便摘牵牛花来玩的。红红白白的一只只小喇叭口，甚至有的花明明是白色的，却染着两丝红痕，像是美人抓破脸。还有青紫色或者紫蓝色的喇叭花，颜色妖异。采上一把，捏紧了细梗，让这些粉的、紫的、白的、青的、蓝的、红的小花在手里迎风晃，仿佛听见细细的喇叭声响：呜哩哇，呜哩哇——

若是人家一面白墙，铺了半墙的牵牛花，夜里下几点微雨呢？张开喇叭口的牵牛花，薄薄的花瓣承接着小小圆圆的朝露，映着朝日，真是好看。宋代诗人陈宗远有《牵牛花》曰："绿蔓如藤不用栽，淡青花绕竹篱开。披衣向晓还堪爱，忽见蜻蜓带露来。"蜻蜓为什么带露？因为它曾在牵牛花上落啊！

很久以前读到一句话："牵牛花为了自己的立足之地，先吻篱笆的脚，后搂篱笆的腰，再登上篱笆的眉。这是它的生存哲学。"没错，它也是为了能够开花。没有篱笆的时候，它也能够挪到麦田边的野草丛里开花。反正它就是要开花。

好吧，那就开吧！就像土耳其诗人塔朗吉的那首诗：

"去什么地方？这么晚了？／美丽的火车，孤独的火车
凄苦是你汽笛的声音，令人记起了许多事情。
为什么我不该挥舞手巾呢？／乘客多少都跟我有亲。
去吧，但愿你一路平安。／桥都坚固，隧道都光明。"

我给牵牛花的祝愿也是如此：去吧，但愿你一路平安。篱笆都坚固，黎明都新鲜。

美文赏析

文章从十几年前回忆种牵牛花的经历，深入写到了牵牛花的名称来历、药用和审美价值。乍看开头一段很是突兀，居然撂下一笔在庄稼地里看到牵牛花就没有再延伸开来；至读到后来，由塔朗吉的诗，引申出结尾：但愿你一路平安。篱笆都坚固，黎明都新鲜。由此可见作者对于牵牛花的殷切祝愿，也是对于牵牛花一样的人的殷切祝愿，这样一来，结构上就是一个完美的圆。

花开如笑

李香雪

节气到了雨水之后，日日都是看花天。

看花天，就是看花们在笑，在风里笑，在斜斜的细雨里笑，在阳光与蜜蜂的翅膀下笑。

好吧，陌上看花去。

脚边的那些小野花，淡蓝色的、黄色的、浅紫色的，小门小户人家出来的模样，最易被目光省略。春暮的蒲公英，满地开黄花，依然不成阵势。江堤上更多的野花，我都叫不出名字，它们在牛羊的蹄子缝隙里悠悠吐露清香，这香气素淡到很快混入青草的清气里不见踪影。

野花似乎不是花，没人当它们是花。春阳好的时候，我躺在草坡上，手指轻轻一拨弄，裙子底下小花小朵遮遮掩掩地开。它们像杜丽娘的丫鬟春香，小姐笑了，她就笑了；小姐叹气，她就叹气。它们更像我童年时所熟识的那些小村姑，人生没有宏大壮阔的场面，一点点小猫小狗的事情，也能让她们欢喜半天。你瞧，草地上，风一吹，野花就舞蹈；风没吹，小野花也在笑。春天嘛，除了开花，找不到第二桩事情可磨光阴。

桃花、杏花是正当好年华的女子，结伴出来，垄上踏青。它们裙袂翻飞，笑声清脆，逗得路人纷纷驻足。在春天，在乡村人家的庭前院后，在城市的公园里、河畔边，甚至在幽幽深山里，随便一走，到处都能遇见桃花盛开。它们不开则已，一开，就是大动静。那么烈，像火燃烧。那么艳，像吹吹打打洞房花烛的新娘子，可是不娇羞。

梨花盛开，玉一般白，雪一般轻盈，它有书香女子的贞静。它即使打开了所有的花朵，即使所有的花朵缀满枝头，依旧是那种安静淡然的浅笑。它不像桃花，桃花一笑就不留底；梨花呢，再怎么开，都节制，都低调，都想着留白。桃花开得像胸口的朱砂痣，梨花开得像窗前的白月光。

春天里，玉兰花开得也不迟，花瓣质地如缎。玉兰个儿高，花朵又大，开起来奢华隆重，像大家闺秀，需仰见其美。它端庄、雍容，开花时从不扭扭捏捏。春风一敲门，它啪地就打开花朵，从不闹小情绪。小情绪是要关着门在家里闹的，出场了，就要笑得敞亮，就要美得大气。

迎春花开起来一串一串的，从枝根到枝梢，从一而终老老实实地开着黄花。迎春花的花朵平常，香味也不惊人，可是开得早，就让人记住了。老实人，一笑起来就不知道收口，这是迎春花。

樱花一簇一簇的，三五朵挤在一个枝节上，“嘻嘻——嘻嘻——嘻嘻嘻”。早前，我的老房子旁边有一棵樱花树，春暮才开花，花朵娇美如少女。我一看那团团簇簇的开放姿态，就想起当年读书时节，好几个女生共住一室，冬天里，学校熄灯后，我们就点着蜡烛读书和聊天。那时不觉时光之美，如今想起，已是怅然。择枝而栖的我们，再不可能回到当初团团簇簇茂密生长的光阴里。

牡丹气场太强大，它一开，六宫粉黛无颜色。有一年春天，去菏泽看牡丹，好几个牡丹园，各色的牡丹，开起来倾国倾城。我流连花边，心有戚戚，觉得自己太单薄太苍白太暗淡无光了。牡丹是花王，纵然它那里开得深情款款，我这里，依旧觉得与它隔了千山万水。

芍药不比牡丹。芍药一岁一枯，是草本植物，可是开起花来，姿态婆娑，花朵有贵气。春暮天，枝繁叶茂的绿叶里，一朵朵硕大圆润的芍药花喜喳喳地盛开。芍药花开有憨态，又酣然，像《红楼梦》里的史湘云，一边喝酒，一边朗声大笑。

那一日，黄昏回家，路过人家的门前，见廊檐外一个十来岁的小女孩在打羽毛球。她穿着粉红花裙子，跟她的父亲正激烈“战斗”，“咯咯咯咯——咯咯咯咯——”，她的笑声随着羽毛球起伏跌宕，在我的耳朵里划着一条又一条优美的弧线。我看着，内心小荡漾，不禁一叹：花儿呀，好美！

美文赏析

“花开如笑”，花笑了，是拟人的修辞手法，但欣赏完文章，竟感觉说花笑完全不是在拟人，它们好像是本来就会笑的。文章描写了小野花、桃花、杏花等花的微笑，每种花笑时的样子完全不同，作者分别加以描绘，形容得格外贴切到位。文章也运用了巧妙的逆向思维，欢笑的小女孩也像美丽的花儿一样。

棉花送温暖

闫美丽

棉花开花的时候，正是五月麦熟时节，天气正暖，棉花的花开得也正好。黄的、红的、粉红，比酒杯还大，张着大喇叭，花心里是毛茸茸的蕊，好看得上得了画——可是却很少有人真的用它来入画。

在农人的心里和眼里，花不是用来看的。开花意味着结实，结实意味着收获，收获意味着吃饱穿暖，而吃饱穿暖，才是农人心里最重要的奥义。

诗人和画家的心里眼里，有那么多上得了品的花，桃花呀、梨花呀、杏花呀，甚至肥俗浓艳的梧桐花，哪里有眼睛去看那大朵大朵的棉花的花。而且棉花多生在干旱少雨的地方，夏秋时节，诗人和画家真没这个兴致去顶着大太阳观赏，有那个精神头，不如看风致的荷花荷叶。

到了八月时节，棉花的花就落了，阔大深绿、毛茸茸的叶片开始枯萎，花落之后的小青桃逐渐变鼓、变大、变黑、变干，咧开嘴，露出里面毛茸茸的白棉花。

这个时候，天气也渐渐变凉了，整个世界开始需要棉花来保暖了。

棉花，是来送温暖的。

对棉花的回忆，从小伴到大。

春天万物生，我爹带我去棉花地锄草，告诉我，把这些棉花给锄锄。于是我噌噌地把棉苗全给锄了。他唉了一声，不打不骂的，又把我带回来了，我娘差点没打我。

为什么全给锄了，实在是棉花的小苗苗，绿绿的，茎子细细的，摇晃着两三片叶瓣的大脑袋，跟我印象中的草无异。

及至日长日高，日长日大，棉花就开始七股八杈。

二十几年前，大片大片的棉田，动辄绵延十几亩。绿油油的棉株，巴掌大的叶子迎风招展，外行人看上去欣欣向荣，只有内行——包括我，一眼看上去，就颔首曰："嗯，该修理了。"

棉田一眼望不到边，风飒飒地吹着，脚一步一步往前移动，手不停地给棉株"掏耳朵"——就是把主力棉枝以外，在腋窝长出来的捣乱的小嫩尖掐掉，不让它们长成不结棉桃的谎枝，夺取养料。这是我最钟爱的一种劳动方式，安静、舒缓，没事可以四处乱看，看天看地，白云苍狗，晴川历历，芳草萋萋。

棉花长了，棉花大了，棉花也修理了，也到秋后了，棉花要收获了。棉田里白茫茫一片，饱鼓鼓的桃子绽出白花，上上下下铃铛一样挂满了枝子。阳光打在上面，越发白得耀眼。一大朵一大朵的白色在阳光下宛如团就的银丝。家里的女眷男眷一起上阵，每个人身上都围着一块大的包袱皮，四只角都绑在腰里，走到棉田里，左右手开弓，揪一朵往包袱里一塞，再揪一朵往包袱里一塞，一转眼的工夫包袱皮就装得满满的。个个都像孕妇，像袋鼠，胸前的兜兜坠得腿都走不利索了，蹒跚到大堆前，哗啦一倒。好大的棉堆，像座银山！

到了冬天，一场大雪打下来，村庄安静地卧在雪里，树身一半苍黑的湿，一半银青的白。雪地里又有梅花的脚印，大约是猫咪，或者是兔子。一转眼，却又是一大片的棉花排列在雪地里，好大、好丰盛的棉桃啊！空桃像碗，满盛了白雪，像是一地丰盛的棉花开。

小时候穿的厚墩墩的棉袄，都是新棉花絮的。到现在还记得我娘絮棉衣、絮被子：新棉花下来之后弹成平展展、暄腾腾的棉花泡，平时用大包袱包着。及至用着的时候，解开包袱，唉呦，像云彩一样！让人禁不住想把脸偎上，身子傍上。我娘就把我往旁边赶：去去去，然后撕下一块块的棉花，往布料上铺平展，再用复杂的手法把棉花翻进布料里面，用针引好，就成了一件新棉袄，或者一床新被窝。

——我还会缝被子呢，不过要戴顶针，用大长针和粗棉线，否则新棉花絮的被窝一针扎不透。现在想起来，还觉得暖和。

美文赏析

作者写了五月棉花开花，八月棉花收获的场景，文笔生动，内容新鲜而翔实，对于不了解农事的读者来说是难得的了解棉花这种作物的作品。而且文章对于棉花“送温暖”的特质概括得十分精当，文笔朴实而温暖。

月季遍开

王子君

又是满城尽开月季花的季节了！

见到小区花园里第一树月季开花的时候，我满眼里就都是月季花了。

上班途中有一个小小的处在转角口的街边花园。春天一到，花园里一片阔大的月季花丛就成了一处诱人的风景。红的、粉红的、紫红的、玫红的；白的、乳白的、藕白的；黄的、金黄的、橘黄的、柠檬黄的；甚至黑色、黑红色，你想象中的花色几乎都能在这里分辨出来，真正是姹紫嫣红，美不胜收！这些花朵，一天一个样，一天比一天大。最大朵的花有十几层，慢慢地，花边蜷缩起来，像是天然的彩色皱褶纸，却比彩色皱褶纸要生动鲜艳，充满了生命的灵气。在绿叶的扶持下，在阳光下，繁密的、肥硕的花朵艳光照人，聚成花束状，大大方方地要献给你似的，引得所有路过的人都要驻足欣赏，流连难舍。

我在街边花园停下了脚步。果然！这小小的花园里月季花已热烈地绽放了！早晨的太阳正明媚地照耀着这片花园，娇艳的月季花映得半个天空都鲜艳明快。盛开着的花朵娇艳欲滴，散发出袭人的芳香；没有盛开的，则花蕾饱满，仿佛随时都会怒放……

怀着喜悦的心情到了办公室，又看到一个摄影家发的月季花组图，月季花开得更令人惊叹。我问：这是在哪里？他答：西便门。午休时分我疾奔到西便门，寻找摄影家镜头下的月季花景。正午的阳光下，红色的、黄色的、复色的月季花轰轰烈烈地开着，像油画，像彩虹，像烈焰！比图片更生动、更立体、更宏阔的月季花呀，愉悦了我整个身心！

北京城还有多少这么美的月季花景我没有观赏到?

记不清是从哪一年开始的，总之连续好几年了，每年，到月季花开得最盛的时候，我就满北京城跑，去寻开得最美的月季花风景。因为寻找，我看到了一片美过一片的月季花——

鲁谷路绿化隔离带上，树状月季正开得热烈、繁密，花色丰富极了。乍一看，树干高挑，枝叶相偎，像一群手挽手舞蹈的仙女，头戴花冠，婀娜多姿。

郎家园往东，隔离带在主道与人行道之间，红色、黄色月季花竞相地开着，形成夹道风景，一直向东延伸而去。

最难忘的是东二环，从左安门桥往北一直到建国门，月季树又高又大，强壮的枝条上挂满了花朵。快速行驶的汽车尾气刮起的强风，吹得她们摇摇摆摆，但她们不仅没有花容失色，反而因为摇摆而生波浪般的曲线，更加妖娆夺目，蔚为壮观……

月季花无处不在，看似普通，却艳而不俗。而且，她的花期长达五六个月，秋季、冬季也有品种开花，“一枝才谢一枝妍”，使得北京的大街小巷总有月季在开花，令城市活色生香。

意犹未尽，我特地绕三环路转了整整一圈。三环主路上，整个绿化带都开满了月季花！双井桥下，连绵数百米的隔离带上，清一色黄色的月季花在阳光下十分耀眼；马甸桥下沿线，黄色和粉色月季掩住了低矮的松柏，抢尽风头；北太平桥，月季闪着金光；而西三环紫竹桥往南三环草桥方向，能见到上千米路段的“花墙”，其间间种的蔷薇或别的时令花卉，也是花朵簇生，色泽鲜艳，与月季共同构筑起非凡的景观。到晚上，在霓虹灯的华光中，她们宛如蒙上一层清透彩纱……整个三环路，俨然成了一条赏花大道！

我问在烈焰下修剪花草的园丁，他说每天看到这么漂亮的花，很多的烦恼就躲开了。

我问被堵在水泄不通的道路上的车主，他指着路中间的“花墙”说，堵车烦躁，好在鲜花养眼，可以想象自己是行走在花海中。

我问匆匆在月季花前自拍的年轻人，他说，忙，没时间仔细赏花，拍一张与月季花的合影做头像，看见头像，就看见月季花，心中就有诗意……

原来，他们和我一样，每到花开，眼睛里就只看见美，心里就只感受到美。因为这份美，他们在人生路上坚持着、奋斗着、包容着，始终怀抱对美好生活的向往。

今年，我不仅要去三环四环观赏月季花，我还要到更多小街小巷、到更远的五环六环去寻访月季的芳踪，看遍开的月季。我更希望月季种在人的心里，种在人心的盼望里，开得更加恣肆、奔放，开成丰盛的生命。

美文赏析

本文抒发了对月季花真挚的喜爱之情，同时表达了对人们拥有美好生活的祝愿。文章充满了真情实感，文笔自然流畅，景物描写语言生动而准确，结尾集中表达了作者的情感，既照应开头，又总结全文。

水瓶里的牡丹花

张　鹛

晴日风暖，赏牡丹。大佛寺的牡丹开得好。

不是长假，没有游人，楼阁勾心斗角，佛像妙相庄严。牡丹长在后园。世上人家建筑不可只有前堂，没有后院。前堂端俨尚敬，后院风光无限，所以杜丽娘才会游园惊梦，唱“良辰美景奈何天，赏心乐事谁家院”。

这里的后园果然也是天上人间。

牡丹开得好，开得高。走进牡丹林像走在森林里的感觉，钻出来，一身黑衣沾满金黄的花粉，像蜜蜂。牡丹多叶少花，紫红的花瓣，繁复到让人敬重，好像古代女人裙袄鞋面袖帕上精致无两的绣花，透着人世安闲繁华。

再往前才真正看到牡丹丛，矮蓬蓬的叶，海碗大的花，浅紫淡粉、莹白绛红。花很香，不是兰花的香，也不是梅花荷花的香，是那种甜到呛喉咙的香，“一枝红艳露凝香”的香，“回眸一笑百媚生，六宫粉黛无颜色”的香。

一步步走，一朵朵看，真漂亮，真漂亮。

同行的朋友已经走远，我还在步步流连，因为生怕自此一别，再来已是明年。而到了明年，再开出来的花，也已经不是这一朵、这一瓣。再见不是再见，此别即是永别。

有首老歌唱“啊，牡丹，百花丛中最鲜艳，啊，牡丹，众香国里最壮观。有人说你娇媚，娇媚的生命哪有这样丰满；有人说你富贵，哪知道你曾历尽贫寒”。真是，哪朵花开都不是凭空绽放，都是寒冷、寂寞、艰难苦恨打底绣出来的光华明艳。

而此时，它们还等在后园。

母亲老了，却也在花丛流连。女儿还小，也在花丛流连。我又来了，可是我所见的，已经不是昨日牡丹。花还是那朵花，是那朵花的昨日已经不在。一眼万年。

母亲掐了一枝花苞带回来，拿一个矿泉水瓶，满盛了清水，长长的花梗插进去，它就这样吸饱了水，一点，一点，绽开。朵大如碗，又香又甜。阳光不烈的时候，我把它放在窗台，阳光强烈又移到床头，早起向它问安，次次夸它漂亮。猫把小鼻头凑上去嗅啊嗅，也爱闻它的香。

这是一个旅游的季节，朋友又相约去赵县柏林禅寺。去得早，游人少，进门处那棵像丫鬟的抓髻似的大树丫还在，还是挑着一串串的爬山虎叶，像一串串的绿珠钗。数年前与另一个朋友来——如今那个朋友已经往生。那次也是春深，柏树茂盛，竹林也茂盛。却独有一丛枯竹，在一个很冷的角落，风一吹，悉里嗦啰的响。此次来访，它已不在。

寺院不大，片刻看完。要走了，却流连，檐前铁马轻轻的声音响起来。心里说再见，再见。

回到家，床头牡丹已凋谢，它自己落了花瓣，层层的艳红铺在水瓶四面。不忍扔，不忍埋。

世情纷繁，人生突变，再不愿意离开的地方也离开了，再不愿意让它开败的花也已凋残。人的生命，也不过是从枝头上被命运掐下来的一朵牡丹，插在尘世的水瓶里，该怎么开，就怎么开，该怎么谢，就怎么谢。

美文赏析

一朵插在水瓶里的牡丹，竟也会令作者生出如许感慨。第一次赏牡丹，难舍难分，怕的是一别即永别；第二次赏牡丹，联想到牡丹也是“香自苦寒来”的吧？接下来的柏林禅寺一游，去年同游旧友和寺中一簇枯竹，都已不在，顿生惆怅。文章由牡丹想到生命，以物喻人。

花开得意

许冬林

春天，坐火车，去一座相邻的城市。不为到达，只为看沿途的花开。

火车是老式的火车，绿皮，K 字开头，走一城停一城，好慢。就为了这慢。

日暖暖的中午，坐在火车窗边，恹恹的。车厢里弥漫古旧的寂寞气息。大家都不说话，或伏案瞌睡，或低头沉思。那神情，像是在这趟列车里坐了 30 年，不曾下来过。火车出站，穿过半个城市，楼丛隐去，城郊近了。看见田地、池塘、村庄、树林，还有嵌在其中的油菜田，大片小片。旅客渐渐从瞌睡和沉思里醒来：转过一个山坳，便全是油菜花了。

油菜花开，金黄，是干净的金黄、纯粹的金黄。远山清秀，只有油菜花在阳光照拂下大气磅礴地绵延，鲜艳、明亮、热烈，仿佛还冒着热气。列车向前，油菜花在窗外的天地之间燃烧，随丘陵起伏，奔腾向远方，吞掉了村郭，吞掉了野林，舔上了远方的天空。心里想起四个字：花开得意。

犹记前年的春天，坐动车，从北京到山西，好快，来不及在车上恍惚一会子。到太原，游晋祠。桃花杏花盛开，似一树树燃烧的火。在花下合影，跟女同学合影，也跟男同学合影。花开烂漫，蛊惑人心。

只是，至今仍有憾事，未与人提。那一次，在晋祠里，看见一块牡丹的花圃。花苞已经打出来，犹现粉红色，只是未开。一朵都未开，我来得早了。花卉里，大约只有牡丹，开起来最见隆重和得意，像状元及第，打马游街。看牡丹，不看花蕾的羞涩和矜持，就要看它们大朵大朵盛开的气势，看它们花朵欺掉绿叶的得意劲儿。

寻常生活，难有多少大红大绿的快意。更多的是一件又一件不值一提的琐事，琐事连起来，就连成了日子。可是，我不想淹没在琐事里。我希望自己还有一股劲头，像花开一样的劲头，能把每一个平凡的日子都过出情趣来，过出意思来，过出不一般的生动来，过得有一点点的响声和光芒。我不想恹恹欲睡，把一辈子就那么睡掉了。

其实，每个人的日子都平凡，都平淡，都芝麻绿豆地琐碎。可是，我们要有一种倔强的劲儿，要让每段日子都有花开一般的新。不做木炭，低烧成灰；要做木柴，在成为灰烬之前，有热量也有光芒。要自己欣赏自己，自己用成就感宠自己，哪怕这成就感极小极短。

人生，也就是坐在一辆老式火车上，到达并不陌生的远方。在这趟列车里，长的是琐碎、沉闷、无聊，还有寂寞，但在这恒久的忍耐与温情里，坐下来，记得打开自己，记得看看窗外，终能相遇一片花开的风光。有的一树，朵朵灿烂，不依附，不怯懦；有的一片，千里万里，大气辉煌。都好。花开，便得意。

美文赏析

本文通过记叙作者坐火车看沿途花开，描写了路上所见油菜花的干净纯粹，回忆起晋祠桃花灼灼的烂漫，指出看花就要看它们得意的样子，就像自己不想淹没在琐事里，而要像花一样，过出生动，过得有热量和光芒。作者通过写花，来托物言志，抒发人生应该像花一样灿烂，不依附不怯懦，活出得意大气的人生志趣。全文清新秀逸，饱含哲理，行文舒展自如，联想自然合理，情感真挚。

第三辑
和一只鸟儿冰释前嫌

鸟类专家们对808种鸟进行研究，其他鸟类大部分只有一种创新性行为，而家麻雀却有44种创新性行为。创新性行为，代表着适应新的环境能力强。山里的麻雀吃猪食、狗食，住草丛、灌木丛。城里的麻雀吃面包屑、煎饼果子和猪肉包子残渣，住楼房、水泥管道。麻雀不想挑三拣四，它机灵的两只小眼睛盯准今天。活好每一天，就是活好了一辈子。

麻　　雀

韩瑞莲

麻雀是最常见的鸟。

下班去超市买菜，回来的路上，扑噜，一只麻雀飞到小区门口的车棚子上，并探头探脑地往路边张望，好像它对一顿美餐还没有尽兴。这也是在老家院子里常有的场景。本来两只麻雀在院子里的花丛中觅食，结果谁一推开房门，两只麻雀立即会飞上房檐，并肩站在那里，头还朝着院子里的方向，不知道如何是好地咕咕叫着。

清晨，麻雀的叫声因没有任何声音的干扰最显干净。如果是在一静谧院落秋日的清晨，经常会在迷迷糊糊中听一堆麻雀在院子里的树上叽叽喳喳吵个不停。它们要吵 20 分钟左右的样子，直至吵够了，才飞往他处。一堆麻雀都在说话，它们彼此之间不是谁听谁的关系，而是谁愿意怎么说就怎么说。很奇怪，它们说话时不是一起说，一起不说，而总是能够在自己说话时岔开其他麻雀开说到结束的时候，这样，无论多少麻雀在说话，听着都不会觉得烦躁而且还很悦耳。

麻雀无论夜晚睡得多么瓷实，都会走在夜色前面，迎接明天的第一缕曙光。它们温柔的叫声也总是能把我从沉睡中慢慢唤醒，伴着它们团队欢快的乐曲，我会愉悦地裹着清晨的好时光擦拭掉夜晚欲望的露珠。麻雀飞走，我起床。

在城区我住 7 层楼。麻雀也住在我室外的空调墙洞里，有 3 处，都是一对一对的。一个冬日的黄昏，卧室外面的两只麻雀在打架，从窗台到空调口的地段，上下翻飞，死掐乱打一大阵子，猜测是原有两只麻雀的地盘来了位不速之客。最终，无论谁胜出，都会战事平息，日子还得继续过。

夜晚，会偶尔听到轻微的鼾声。我曾认真地听过许多次，也许是那对麻雀睡眠香甜时发出的。冬天有时天气雾沉沉的，麻雀不会早早地飞走，要在窝里腻歪一会儿。起床洗漱时，我会听见它们在被窝里说话，旁若无人的样子。听麻雀的私密话像是听国外的轻音乐，没有歌词的打扰，只有旋律的美妙。一次晚上下班，走到小区，一群麻雀同时飞往楼区方向，分别落在自己的巢穴里，数了数，最高的有 11 层。经过一天的劳累，麻雀们都会准确无误地回家。而我要是站在楼下，寻找自己家的窗子，还得数上大半天的功夫。

老家的冬天寒冷，麻雀觅食辛苦。一位邻居养了几头猪、几只鸡，成群的麻雀每天都不离猪槽、鸡槽，上下翻找，贪恋着那些美食。等到了秋天，草籽、农作物等吃食多了，麻雀的天地也广阔了。它们成群结队地飞向山峦低处、草窠、田野，四处游荡，彰显技能、追逐打闹、自由玩乐。衣食无忧的季节让它们飞翔的翅膀越加轻盈。

麻雀常常成群活动。一起觅食，受到干扰，马上群起而飞，落到不远处的整棵树上。要是落在枯树上，密密麻麻，一树颤动的繁花。突然飞起，突然落下，麻雀整体性的突然变化，是它们长期练就的一身本领。一条树枝，一条不规则的斜线，准确地落着 10 只麻雀。一树更不规则的树枝，落下 50 多只麻雀。麻雀落下的亮相整齐漂亮。它们互相配合，不打不撞，整齐落下。麻雀们的此类行为，是活生生讲团结的一本教科书。

麻雀无处不在。公园的凉亭是它们的老窝。每一层上空的隐秘处，都有它们的小巢。一群麻雀住在这里。凉亭的地面上、横栏上都是鸟粪。三三两两的麻雀不断地飞进飞出，吱吱唧唧，互相打着招呼。

对准凉亭顶部飞行的麻雀一连串的连拍，回来翻看照片，麻雀一瞬间在空中紧收翅膀有了一条小鱼似的样子。麻雀嘴里叼条小虫、小花、小细枝，没什么新鲜。麻雀一瞬间在空中像一条小鱼的样子，见所未见。人也可以趴在床上合拢手臂，长时间像个鱼的样子，但人却不能在空中飞翔。那就写句诗吧：“麻雀，麻雀，我要飞翔，如你如鱼那般模样。”

我们常见的麻雀是树麻雀或者是家麻雀。黄土洼村庄的春日里，一只山麻雀独自站在高高的电线杆上鸣叫，显然，它到了求偶的季节。山麻雀头部是鲜艳的黄褐色，这是它与树麻雀深褐色头部最明显的分别。麻雀，繁殖能力强，一年至少繁殖 2 窝。每窝 6 只左右，雌雄轮流值班孵化，公平合理。求偶和繁殖期间，它们成双成对。除了南北极，麻雀分布于全世界。

鸟类专家们对 808 种鸟进行研究，其他鸟类大部分只有一种创新性行为，而家麻雀却有 44 种创新性行为。创新性行为，代表着适应新的环境能力强。山里的麻雀吃猪食、狗食，住草丛、灌木丛。城里的麻雀吃面包屑、煎饼果子和猪肉包子残渣，住楼房、水泥管道。麻雀不想挑三拣四，它机灵的两只小眼睛盯准今天。活好每一天，就是活好了一辈子。

美文赏析

作者对于常见的麻雀观察入微，写得活灵活现，生动形象，透过文字可以看得见麻雀的模样。而且文章的哲理意味很强，尤其是结尾的“活好每一天，就是活好了一辈子”，余韵悠长。

穷鸟和富鸟

朱晨溪

鸟儿也有穷富之分，它们的穷富主要体现在食物获取的难易程度上。比如有的鸟儿为了吃口食你争我夺，甚至丧命；有的鸟儿食物却来得很容易，只要它愿意，整个大自然都是它的粮仓。

以蜂鸟为例。全世界的蜂鸟有300多种，主要分布在南美洲，它们90%的食物为花蜜。由于飞行速度快，采食花蜜使用的悬停技术耗费能量多，所以蜂鸟必须不停地采食，一天要吃超过自身重量一半以上的食物才可以维持身体的正常运转，这就必然要求有更多的花可供它们采。

花虽然在森林里随处可见，但蜂鸟同样很多，而每朵花的蜂蜜又是那么少，为了抢夺资源，蜂鸟之间必然会产生争斗，大打出手的情况经常发生。甚至，有时候蜜蜂也会和它们竞争，而不幸被蜜蜂蜇到，蜂鸟便会毙命。

但是有一种蜂鸟活得却没那么艰难，它们要食用的花蜜香甜可口，花儿也随处可见，却并没有别的种类的蜂鸟和它抢夺。这种鸟便是刀嘴蜂鸟。

刀嘴蜂鸟的体长大约14厘米，鸟喙却在8厘米以上，是全世界唯一喙长过身子的鸟类。鸟喙长有一个明显的好处，那就是可以吸食花冠很长的一类花的花蜜，其中生活在南美洲的攀缘植物西番莲属的花蜜便是刀嘴蜂鸟的主要食源。西番莲属植物喇叭形的花冠10多厘米长，刀嘴蜂鸟的喙长刚好可以够到，而其他蜂鸟因为鸟喙短于这种花的花冠，就只能望花兴叹了。

从进化角度分析，刀嘴蜂鸟的超长喙和西番莲属植物的超长花冠是为了相互适应，协同进化而成的，二者形成专属合作伙伴后，花儿不再为授粉发愁，鸟儿也与世无争地拥有了铁饭碗。

在茂密的森林里，举目都是自己带锁的粮仓，而且还没有其他鸟类与其争抢，从这个角度看，刀嘴蜂鸟是何其富有！而别的种类的蜂鸟就可怜多了，它们不得不为了温饱而风里来雨里去，不得不为了一口饭吃而整日和别的蜂鸟喋喋不休地争吵打斗。

然而，欲戴王冠，必承其重，刀嘴蜂鸟虽然富有，却也有烦恼。由于喙太长，它们休息的时候必须把头抬起，这样才能避免长长的鸟喙戳到树枝树叶，导致自己站不稳摔下树去；而那些喙短的“穷鸟”却可以把喙插进翅膀底下惬意地睡上一觉。同时，喙短的鸟儿可以方便地用鸟喙清理羽毛，刀嘴蜂鸟的喙长于自身身体，鸟喙顶端根本无法接触到自己的身体，它们便只能用爪子粗暴地梳理羽毛了。

其实，以上都不是最麻烦的，最麻烦的是刀嘴蜂鸟对西番莲属植物的高度依赖性。试想如果有一年由于气候、病虫害等原因，西番莲属植物长得不好了，那刀嘴蜂鸟的日子便必然不好过了，它不得不采食其他花朵，而此时过长的喙便不是长处而是累赘了，如果竞争不过别的短喙蜂鸟，它的性命都是问题了。

虽然鸟儿也有贫富，只是穷鸟和富鸟都有各自的悲喜，穷鸟为了生活奔波却活得自由，富鸟看起来光鲜却身不由己，且时时充满了危机。由此可见，大自然是何其聪慧，自然的辩证法，也在鸟儿之间得到了极佳的诠释。

美文赏析

大自然是聪慧的。作者以蜂鸟为例，指出蜂鸟分穷富，获得食物的方法不同，获得食物的难易程度各异。可是大自然也是公正的，有所得，必有所舍，穷鸟为了生活奔波，却也自由；富鸟看似光鲜，却身不由己，危机四伏。自然辩证法可见一斑。本文解说接地气，语言诙谐幽默，使读者读来大开眼界，既长知识，又增加见识。

春燕归来

厉彦林

春天迈着灵巧蹒跚的步子来了，那一群群身着燕尾服的燕子，也潇洒地从南方回家了。

清晨的山乡素雅、恬静、温馨，农家小院简洁质朴，还有缕缕炊烟袅袅升起……仿佛是一团披着薄薄轻纱、朦朦胧胧的梦。睡醒的燕子展开双翅、轻盈地飞出窝巢，一只，又一只……叽叽喳喳的叫声划破山野的寂静，一会儿工夫，绿树丛中，农舍屋顶，到处都是燕子飞翔的身影。时而在蓝天中箭一般上下翻飞，冲散片片白云和缕缕炊烟；时而栖落屋顶、门前，迈着方步悠闲地四处张望。远处长长的电线上，时常布满密密麻麻的小点，像一串歌唱山乡风光的五线谱，又像一排刚上学的孩子在听着口令做早操，那景致别有一番韵味。

我目不转睛地欣赏着，突然那只小燕子竟然悄悄落在我学习的桌子上。我屏住呼吸，小心翼翼地仔细端详着，忍不住轻轻地、微微地笑了。与这小生灵如此近距离地接触，竟让我十分激动，紧张和欣喜迅速传遍了我的每一根神经。我能看清它的每一根羽毛，刚刚长出的乳毛细细密密的，还黑白相间呢。那眼睛黑黑的、亮亮的，嘴唇黄黄的，小脑袋摇来摇去，还用嫩黄的小嘴巴啄了几下我的书本，透出几分天真和调皮。那叽叽喳喳的叫声，是在问我什么？还是想告诉我什么？我们没法用语言沟通。我鼓鼓嘴，轻轻吹吹口哨，它竟然高兴地点点头。我们像是一对好朋友，用彼此的真诚和善意，守候着这短暂而美妙的时光。

燕子最体谅人，最关心人，从不给农家添麻烦，连窝里的垃圾也一点点地叼到野外。主人在家时，躲在燕窝里呢喃细语，温文尔雅。天要下雨，燕子们总是喳喳叫着，在你面前反复低飞，给你预报气象。即使下雨天羽毛被淋湿了，也总是在进屋之前先抖抖翅膀。一场秋雨一场寒，燕子们必须在霜降前恋恋不舍地飞向南方。它们不愿惊动邻居，也不愿邻居因它们离去而伤心，总是在夜深人静、明月当空的夜晚迁徙，走得无声无息，不留任何声响和只言片语，甚至连一根轻柔的羽毛也不留下……只把一种期待留下，一种美好的记忆留下。

“无可奈何花落去，似曾相识燕归来。”父母总是盼着孩子早早像小燕子长硬翅膀飞上蓝天，然后又盼着孩子像飞出的鸟儿常常回归母巢团聚，你一言我一语诉说辛酸与幸福。在外的人离乡久了，见到回归的燕子，胸中自然涌动思乡的情感，渴望如同燕子年年飞走，年年回来。叶落归根，总得回到自己在南方或北方的旧巢。冬已过去，春暖花开，我们该像那美丽勇敢、感恩重情的燕子，义无反顾地飞回老家……

美文赏析

本文用诗一般的语言和意境，为我们描绘了一幅人鸟和谐图，唱响了一曲人文赞美诗。在那素雅、恬静、温馨的山乡清晨，在泛绿拔节的麦苗中、冒芽扬絮的树木上和缕缕炊烟袅袅升起的简洁质朴的农家小院里，燕子翻飞，叫声清脆，人鸟和乐，这是一幅何等迷人且充满韵味的山乡春晨图。

和一只鸟儿冰释前嫌

朱永波

我在花鸟市场买了一对珍珠鸟，把它们安顿在有绿萝和吊兰环绕的一个角落里。

几个月后的一天，我突然发现，扔进鸟笼的菜叶子只要一干，珍珠鸟便会把干叶子衔进鸟笼里挂着的草窝。该不会是鸟儿要生宝宝了？为了验证我的猜测，我在郊外拣了一些枯草放进鸟笼。结果如我所料，那些枯草全部被衔进了草窝。

十几天后，绿荫环绕中传来一声稚嫩的吱吱声，接着是越来越多的吱吱声，我终于忍不住好奇心去偷窥了一眼鸟儿们的私宅：乖乖，有5只闭着眼睛的鸟宝宝！

一晃两个月过去了，5只鸟宝宝已经脱胎换骨，一个个红嘴红脚的，和父母没什么区别。它们活泼可爱，充满朝气，站在栖杆上追逐打闹，非常热闹。

也许是因为这群鸟宝宝是在这个新家出生的，它们和我很是亲近，我也常常故意把鸟笼打开，让它们出来玩耍。它们会飞出鸟笼，在阳台的晾衣竿上蹦蹦跳跳，胆大的还会飞到我的肩膀上。

有一次，我从室外回来，感觉家里的空气不是很好，突然想到鸟儿也应该呼吸点新鲜空气，于是我灵机一动，将鸟笼放在了窗外空调的外机上。20多层楼的高度，阳光灿烂，空气流动性好，鸟儿欢快地在它们的私宅鸣叫。看到鸟儿这么欢快，接下来几天我每天都会把鸟笼放在空调的外机上，晚上下班收回。

然而，有一天下班我去收鸟笼，惊讶地发现鸟笼里只剩下 3 只鸟了，其他 4 只不翼而飞！我一下子慌了神，鸟笼难道有大的缝隙？我立即检查了鸟笼，但是找不到任何缝隙。那么，会不会被猫鼠吃掉了？但是 20 多层高楼的空调外机上不可能有这些动物上来，而且它们也进不了鸟笼！我忙问家人，也无人知道鸟儿的去处。几只鸟儿就这样平白无故地人间蒸发了。

实在找不出原因，我便只能当作它们是逃出去了。小区西边不远就是公园，森林茂密，我全当那些鸟儿进了那片林子。我也时不时会去那片林子往树上瞅瞅，期待能看到我的那些珍珠鸟。

有一日，我看到公园里有一群老年人提着鸟笼遛鸟，我向他们打听有没有在这片林子看到野生的珍珠鸟,那群老年人听完我的叙述都笑了起来，其中一个老年人笑着说：“小伙子，别找了，你的鸟儿死于俗名‘鸟狼’、学名叫伯劳的一种小型猛禽之手，你不信可以去你的空调外机旁仔细检查下有没有血迹。”伯劳是什么鸟？它再厉害能钻进鸟笼？

我果然在空调外机的下面看到几个带有细微血迹的羽毛，它们在风中摇摆着，似乎在向我诉说着不幸。我也在网上查到了一段关于伯劳袭击笼中鸟的描述：它们先用翅膀故意拍打鸟笼，让笼子里的鸟惊慌失措乱飞，当有鸟被折腾得精疲力竭或者被吓得呆若木鸡时，伯劳便伸出利爪，把里面的鸟儿撕成碎片拉出来吃了。

那一刻，我气得哆嗦，这是多么残忍的手法啊，自然中还存在这么一种恶鸟！我在网上查了捉到这种恶鸟的方法，在花鸟市场买了一种叫踏笼的诱捕笼，里面放了一块肉作为诱饵。我相信尝到甜头的那只恶鸟还会再来的。结果，几天后我真的成功了，看到笼子里这只惊慌失措的恶鸟，我有说不出的快感：我该用何种手段处决了这只恶鸟呢？

然而，一个朋友却劝我说，伯劳没有错，是我错了。伯劳原本就是吃肉的，在它眼里，我的珍珠鸟仅仅是食物而已。珍珠鸟被吃，不是它的问题，而是我的问题，是我的知识匮乏，没有做好防护工作。

虽然很难过，恨那只伯劳，但我还是不得不接受它的行为，那仅仅是它谋生的手段。如果是在野生环境下，珍珠鸟还是会被那些猛禽追逐的，按照进化论，这反倒会促进珍珠鸟的种群繁衍呢。

一天之后，这只伯劳获得自由了，我把它放了。我和伯劳冰释前嫌了。只是，作为主人，我对我的鸟儿没有尽到责任，我应该自责。但是，这样的悲剧不会再发生了。

美文赏析

自然有法则，万千的生命才能在结构复杂的环境里保持动态的平衡。我们的情感在逃脱理性的时候，就会具有危险的性质，包括迁怒、臆断等。因此责怪一种动物的本能和天性，难免不公。此文中，作者在了解事实以后，选择原谅了伯劳，也是选择了尊重自然法则。有情而明理，善莫大焉。

飞　　鸟

安　欣

村庄里的鸟儿，大约跟村庄里的人一样，生生世世就住在这里。

不过也许，它们曾经有过迁徙，从遥远的南方，飞到更为遥远的北方。谁也不知道一只鸟儿从哪儿来，在漫长的飞行途中又经历过什么。

有没有被雷电击中，或被暴风雨袭击？会不会为一口决定生死存亡的食物，发生争斗？为什么是这样的一群鸟儿，落在了我们的村庄，而另外的一些，则选择了一河之隔的邻村？它们是不是也有亲朋好友间的礼尚往来，比如这个村上的鸟儿，定期去那个村上拜访拜访，送一些粮食，或者几条肥硕的虫子？

阳光好的时候，它们在枝头叽叽喳喳地说着什么，人听不懂，却喜欢站在树下，抬头看它们热烈地交谈。

两只鸟儿站在高高的树上，会说些什么呢？我问弟弟。弟弟见我问他，受宠若惊，并陡然生出自信，于是喋喋不休地给出许多答案。

它们在聊谁家锅台上的玉米饼子好吃。

它们也会说说谁家玉米地里的虫子长得肥。

还有呢，它们会生气布谷鸟从来不跟它们一起玩。

如果它们是一家人，也可能会跟咱爹娘一样，因为没有钱花，吵起架来。

弟弟为自己的这个比喻得意扬扬，我却嗤之以鼻：鸟儿需要花什么钱？！

弟弟怯怯地低下头，有些伤心。他伤心的时候，白净的面皮便会晦暗下去，并浮起青紫色的斑块，好像那里发了霉，或者长了青苔。这让他看上去愈发地不讨人喜欢。我不想他继续跟着我了，我甚至觉得跟他谈论两只鸟儿的鸣叫，是一件可笑的事。

我于是朝他吼：快回家吧，别跟着我！

弟弟委屈地看一眼我，又恋恋不舍地抬头，朝高高的杨树上看去。那两只鸟儿，不知何时已经飞走了。或许，在我和弟弟争吵的时候，它们就生出了鄙夷，觉得人真无趣，难道在春天的风里，嗅一嗅花香，晒一晒太阳，聊一聊夜晚做过的某一个梦，不比争吵快乐吗？

反正那两只我叫不出名字的鸟儿，生了我和弟弟的气，悄无声息地飞离聒噪的人类，前往另外一片幽静的天地。

我因此愈发地怨恨弟弟，丢下他，循着一只喜鹊的叫声，朝树林里走去。

走了好久，回头，我看到弟弟还一脸哀怨地站在那里，仰头看着树梢。

那里什么也没有，除了哗啦哗啦响着的树叶。

美文赏析

文章通过写“我”和弟弟的争论，记叙了想象中鸟儿的多彩生活，比如它们可能走亲戚、聊天。作者通过对鸟儿的世界的构想，表达了自己爱鸟的心情。文章运用了拟人等修辞手法，笔触平实中却有趣味。

喜 鹊 窝

厉彦林

民间有“喜鹊报喜”的说法，喜鹊窝成了吉祥物。

记得小时候，谁家门前或树上停歇了喳喳叫的喜鹊，大人们会说：“喜鹊叫，好事到。”那时农家日子穷，如果确有贵客来，就得去集市割肉买菜招待，小孩儿眼巴巴等着解馋，因而“喜鹊叫，孩子笑”。

清晨，喜鹊叫过，其他鸟儿也相继醒来，此起彼伏的鸟叫声响彻村庄上空。四五月份，是幼鹊出窝的时节，这时，“喳喳喳”的叫声更是不绝于耳，大小喜鹊的倩影随处可见，喜鹊成群结队地在天上飞，小山村十分热闹。

如今乘坐高铁或者驱车奔跑在高速路上，路两边树上的喜鹊窝随处可见，有的搭建在相邻的树上，还有的搭在同一棵树上，喜鹊也择邻而居呀！

喜鹊聪明勤劳，喜欢垒窝。春季繁殖期成双成对忙活着筑窝，做成一个窝也就半个月左右。开春不冒芽的秃树，只要有喜鹊垒窝，树保准还是活的。记得老家院东南角有棵双臂合抱不过来的梧桐树，喜鹊曾在上面做窝。两只喜鹊，从远处衔来细小的干树枝，在树枝上跳来跳去，然后用嘴啄着左搁右摆地架在树顶的树杈上。那次刮大风，窝上的一些树枝被吹落下来，喜鹊便忙碌着衔枝搬草、修复家舍。小喜鹊先在窝边练习走步，然后又在树枝上练习跳跃。有个黄昏时刻，我在院里玩耍，突然一只小喜鹊落在我身边。她就在我的脚前，高昂着头，面带喜色，“喳喳”地叫着，一蹦一窜地向我挪，与我如此亲近友善。就在这一刻，我激动得大气不敢出，只是瞪大眼睛和她对视。

少年时代，我也曾掏过喜鹊窝。那次我顺着树干爬到喜鹊窝旁，惊奇地发现窝里有3只身上只有少许绒毛的小家伙，眼睛还没睁开，听到有动静就张开大嘴吱吱叫着索要食物，伸手一摸，雏鸟身子绒绒的、暖暖的。突然觅食的老喜鹊回来，可能担心我伤害它的孩子，它在我的头顶上盘旋着，焦急地叫着，几次要啄我的头，我胆怯地哧溜滑下树。等我再一次偷偷爬到树上去看小喜鹊，只见窝里空着，我正在发愣时，听到旁边不远的树枝上有喜鹊在扑棱棱振动翅声，循声望去，几只小喜鹊站在树枝上腿还有些抖。为了保持身体平衡，尾巴一翘一翘的，正在树间练习飞翔技巧。

喜鹊与人类生活有着十分密切的关系。喜鹊大多把窝建在农家宅前屋后的大树上。有人说，喜鹊是一种能带给人吉祥的鸟儿。记得儿子高考那年，开考那天，天刚蒙蒙亮，窗外“喳”“喳”的喜鹊叫声把我吵醒了。心中不禁一惊：“这哪来的喜鹊？”只见一只喜鹊正扑棱着翅膀站在窗台上。它一身黑衣，肚皮白白的，小脑袋灵活地左右晃动，肆意地蹦跳着。我赶紧转身兴奋地对妻子说：“你看，有喜鹊在叫！”妻子笑着说：“喜鹊叫，喜事到。儿子高考好兆头呀！”喜鹊的叫声，吻合了我们对儿子高考的祝福与期盼。

“喳喳喳！”“喳喳喳！”，喜鹊真的回家了！生态环境好转，食物链也在恢复，不仅喜鹊多了，家燕、麻雀、蜘蛛、蜻蜓、刺猬、青蛙等生物也家族兴旺啦！

喜鹊凝望着辽阔天空和苍茫大地，向人间传递着好消息……

美文赏析

本文对喜鹊做了详细的描述，而且对喜鹊窝也有详尽的描述，显然是对喜鹊有认真的观察。这一点告诉我们，要写好文章，认真、细致的观察很重要。文章语言流畅生动，很能打动读者。

我的小鸟儿飞了

四　毛

朋友出远门，临走时提来一只精致的鸟笼，托我代他养鸟儿，并说如果他不再回来，这鸟儿就送给我了。抬眼看看那两只八哥，我默默接过了鸟笼。

鸟笼就挂到了我的房间里。那两只八哥从早到晚不知疲倦的鸣叫声很快就使我烦躁起来。实在静不下来时，我就将鸟笼提到室外，任它们去叫个够。可也奇怪，到了阳台，它们反而缄默了，相互啄着羽毛，安静得很。而一将它们重新提进屋，又叽叽喳喳叫声一片。我生起气来，干脆给它们断粮，但很快便发现它们饿起来叫得更烈，只得老老实实按时给它们喂食。

一日来了几个朋友，进门听得鸟儿叫声，不胜惊讶。“呀，这么漂亮的鸟儿，哪儿买的？”待知道这两只八哥并非我所有时，一个个便又争着想买下来。像拍卖一样，价钱越喊越高，逗得我直乐：“这鸟儿这么值钱吗？”“哈，这你就不懂了，花鸟虫鱼，闲情逸致也！难道你不觉得鸟儿的啁啾声如音乐般动听吗？”我以为这话不过是文人的巧舌，不加理会。不料后来又来了几批客人，都对这两只八哥赞不绝口，怜爱备至。

我不由得注意起两只鸟儿来，发现它们确实很漂亮抢眼。雄八哥羽毛蓝如天，雌八哥颜色绿如叶，而在天蓝青绿之中，又点缀些白的黄的茸毛，可爱得很。我反复观赏，忍不住在心里给它们取了名字：蓝蓝和绿儿，并且就这样叫开了。

我开始亲近它们。喂食，换水，再也没有不良情绪。下班回来，做家务累了，看书倦了，我便要走到鸟笼边，逗逗它们，教它们学说话。八哥太小，学不来，但那叽叽喳喳的声音令我快乐。只是那鸟儿一见我，便尽可能往里边飞，怕我似的。我努力了好久，想让它们相信我不再有敌意，但没有如愿。

这期间朋友来信了，问及鸟儿的成长情况，深情地嘱咐我：到一定时候，你就将它们放了吧！

我弄不懂为何要放了它们，而不再是赠送给我或代他管好。但对于我，放是不可能了，因为这一对小八哥已成了我的爱物。

我对鸟儿的喜爱很快就到了宠的程度，但它们仍对我保持着十分陌生的距离。一日，蓝蓝趁我拉开笼门换水时，扑棱棱飞了出来。我一把抓住，它受惊了，狠命地啄我一口，疼得我手一松。它飞一下，停一下，又飞一下，再停一下，我追着它，累出汗来，就是再也抓不着它。我看它并不能飞多远，心想就让它在笼外待一会儿吧，待久了，说不定自己就想回鸟笼了。

就那样蓝蓝在房间里乱飞乱叫了一天。到天黑时，我去抓它，它乖乖就擒，且动听地叫了两声，我听了舒心极了。

我有了抓它回笼的经验，也就不太计较鸟儿飞出来了，所以便常常有蓝蓝或绿儿飞出笼来自由自在一番。但它们绝不飞出窗口。

就这样快乐平静地过了些日子。鸟儿成长得很慢，慢得让我感觉不到它们的变化。

一天早晨，我照例拉开笼门去喂食，蓝蓝趁机又飞了出来，很清脆地叽叽叫了几声。像往常一样，我在地上洒了点鸟食，便去上班。

没料到午后刮了一场台风。暴雨过后，空气清新。我回到房里，听见房子周围的树上有鸟儿叫声，心里一惊，蓝蓝可不能被这鸟儿叫声给诱惑了去。目光搜寻整个房间，却真不见了蓝蓝！

我顿时懵了。我已分不清是对朋友的责任还是对鸟儿的爱怜，一心只想找回我的鸟儿。我先是学鸟儿叫，然后跑到房前房后，企图从某棵树上或是谁家阳台上发现那可爱的一点天蓝。转了几个圈，我什么也没发现。

我变得没精打采了。有时满耳都听得见鸟儿叫声，探头窗外，却连鸟儿影儿也见不着。偶尔有朋友来玩，见我失魂落魄的样子，便安慰我：“鸟儿会飞回来的。那鸟儿刚出去，好奇，但它飞不远，最终会飞回来。”可是这么多天过去了，没有一点迹象表明蓝蓝会飞回来。而绿儿孤独地待在笼里，终日凄厉地叫着，刺耳，也刺心。

蓝蓝终没有飞回来。绿儿在孤独的等待中瘦弱下去，羽毛枯涩，叫声一天天疲软绝望。有人劝我再买一只鸟儿回来，或是将绿儿卖了或送人，可我不愿意。

在一个空气新鲜，天空明丽的早晨，我将鸟笼打开，将绿儿托在手上抚摩了好一会儿，然后站到窗前，将手伸出去。绿儿在我手心里站立不动，过了好久，才低了头轻轻地啄我几下，极温柔生动地叫了几声，然后倏地飞向窗外。

很快，那一点青绿便融入了天色之中。那一刻，泪水模糊了我的双眼。

我的小鸟儿飞了。

我将这事沉重地告知了朋友。他没有回信，也没有要结束远行回来的迹象。

我想朋友大约是不会回来了。

美文赏析

文章写自己远行的朋友让自己帮忙代养两只鸟儿。作者在养鸟儿的过程中，把鸟儿当成了宠物，结果一只鸟儿飞走，另一只孤独绝望。最终作者不忍，将剩下的这只放生。鸟儿走了，朋友也不回来了。作者通过写鸟儿的成长和对自由的追求，其实也在写朋友的成长和追求，鸟儿长大飞走了，朋友也成熟了。借着养鸟儿的故事，作者揭示了一个人生的哲理，放飞自我，努力生活，才是人生的真谛。文章构思巧妙，行文流畅，语言自然生动，结尾含蓄，引人思考。

欢唱的麻雀

厉彦林

身材娇小、爱跳爱唱的麻雀，一直跟随人类迁徙居住，是与人类最亲近的鸟。

每天清晨，窗外鸟语花香，桂花、玉兰树上就有灵巧的麻雀，叽叽喳喳地叫个不停，在草坪上一蹦一跳地觅食。往远处看，成群结队的麻雀散落在高压线上，像一行五线谱，它们或跳跃飞翔，或打闹嬉戏。那情那景，悄然把我带回童年和少年时代。

麻雀头圆，翅小尾短，嘴圆锥形，小脑袋摇来晃去，擅于跳跃，特精明机灵，看到人会立刻一跃而起，在空中划出精美的弧度，然而又落叶般落地，可谓一哄而起，一哄而散。生性活泼，成天叽叽喳喳，无论在地下在树上，时常互相梳理羽毛、呢喃，叽叽喳喳唱个不停，甚至笑作一团。在乡下，空旷的田野上、草垛旁、场院里、老土屋屋檐下，总有家雀扑扑棱棱的身影和唧唧啾啾的鸣啼。幼麻雀的叫声纤弱稚嫩，老麻雀的叫声清亮略带厚重，大小麻雀的叫声重叠交织在一起，分明是多重奏或多声部的大合唱。

麻雀喜欢在收割的庄稼地和打谷场、麦场边上偷嘴。我依然记得少年时期许多掏雀、罩雀、打雀、玩雀的趣事。二十世纪六七十年代，农村大都是低矮的草房、瓦屋。麻雀晚上就住在屋檐下、墙缝里，尤其土坯墙的缝隙最适合做窝，伸手一探，很容易发现成窝的雀蛋或热乎柔软、全身粉红透明、还没长羽毛的雏雀。房前屋后时常能看到麻雀出窝，老麻雀在教小麻雀们学习觅食和飞翔。

深冬大雪后，便在小院里逮麻雀，玩法与鲁迅先生小时候差不多。用一截木棒支撑起箩筛，箩筛下面撒上谷物，然后握着拴在木棒底端的细绳，躲在虚掩的木门后等待着。机灵的麻雀不会轻易飞到箩筛底下，吞一粒，四处张望一番，但最后经不住谷物的诱惑，会有一群麻雀一边观察一边跑进筛子底下啄食。突然拉动绳子，就把贪食的麻雀扣在箩筛里。蹲在箩筛旁，透过筛眼看见几只麻雀伸直脖子，拼命张着小黄嘴，羽毛都炸开了，惊恐万分地扑棱翅膀，发出凄婉哀伤的鸣叫，此时真不忍心伤害它，便掀起箩筛还它自由，去与家人团聚。

人类认识到麻雀是益鸟经历了一个过程。麻雀栖息于居民区和田野附近，又名家雀，喜欢在庄稼和树木的枝条间跳来跳去，以吃草籽、虫子等为生。夏天是繁殖的季节，育雏更是以食虫为主，以维护生态平衡。庄稼人为防麻雀偷嘴，会在田间和晒场边插上稻草人和旗幡。麻雀还能预告天气。清晨麻雀鸣唱表示天气转晴，越晴叫得越欢。

这些年，我国城乡面貌变化大，生态、生存环境改善，麻雀们纷纷迁进城市，尝试着与高楼、与城里人亲近。上下班路上，经常看见麻雀在悠闲地唱歌觅食。有趣的是麻雀似乎知道人们不会伤害它，走近时，它那小眼睛滴溜溜转，歪着头观察，似乎在逗你玩。

麻雀是人类的朋友，相信人，依恋人。在我们的家园，在我们身边，叽叽喳喳地唱着人与麻雀的自由平等，唱出人与自然的和谐共荣。

美文赏析

麻雀这种飞鸟，屠格涅夫、鲁迅都写过。作者从生态、生存环境的角度切入，有了新意，可以盯住“小麻雀”，反映“大主题”，“人与麻雀的自由平等，唱出人与自然的和谐共荣”。

聪明小鸟，“打假”有招

张云广

《国风·召南·鹊巢》有云，“维鹊有巢，维鸠居之。”后世遂有“鹊巢鸠占”的说法。

这里的“鹊”指喜鹊，“鸠”却并非指斑鸠，而是鸤鸠，即杜鹃鸟。杜鹃是否曾经强占过天性机警、攻击力强的喜鹊的巢穴有待确证，但前者常把自己的卵偷偷地下到别的鸟巢里，让其他种类的鸟雀在毫不知情的情况下为自己免费提供孵化和喂养后代的服务却是广为人知的事实。

不少种类的杜鹃是托卵营生的。比如大杜鹃，其寄生对象就达一百多种，绝大部分是比它体型小的莺类和雀类。比如澳洲杜鹃，会把自己的卵下在扇尾鹟的巢穴中，尽管两种鸟蛋个头相差极大，但扇尾鹟竟不加辨识地把杜鹃卵当作自己的卵来孵。直到有一天，小杜鹃破壳而出，趁“养母”外出为自己觅食之际，把其尚未孵化的鸟卵或者体弱力小的雏鸟踢出巢穴。

有别于扇尾鹟等鸟儿的“昏昧无知遭人暗算”，也有一些较为聪慧的鸟雀在与杜鹃的长期斗争中修炼出了自己的“打假”绝招。

黄尾刺嘴莺把巢穴建在树杈上，从上面看，露天式的圆形鸟窝做工玲珑精致，宛若一个袖珍版的足球场。然而，这个小小的“足球场”里却始终是空无一物，杜鹃自是懒得“光顾”了。这黄尾刺嘴莺到哪里去了呢？眼光向下仔细扫描就会发现，在圆形鸟巢的一侧，有一个不易觉察的小开口。顺着开口往里瞧去，竟然别有洞天，原来这里才是真正的育雏之所。

与黄尾刺嘴莺的障眼法相比，非洲的一种黄腹小织巢鸟则另有良策。这些可爱的小精灵们把它们的鸟巢倒悬于大树上，并在巢的下端入口处又额外编织了一条筒状通道。这一通道设计得又细又长，仅容自己和同类自由通行，而瘦身乏术的杜鹃要想钻进去产卵则是一件千难万难的事情。

非洲另一种体型与杜鹃接近的织巢鸟采取的是另外一种行之有效的对策。其具体做法就是自己在巢中产下多种颜色或斑点的卵，让擅长模仿其他鸟的鸟蛋外部特征以行欺骗术的杜鹃一时间无法故伎重施。这样一来，即使杜鹃在织巢鸟的巢中成功地诞下鸟卵，其卵也往往会被迅速地辨识出来并驱逐出境。

相较而言，蚋莺的“打假”则更接近于一种决绝的模式。北美的燕八哥也是一种与杜鹃一样的托卵营生的“懒鸟”。尽管燕八哥与蚋莺的卵外壳斑点颇为相似，蚋莺仍然能够识别出来。从发现“假蛋”的那一刻起，蚋莺就开始了自己的忙碌节奏，一点点地把旧巢中的建筑材料撕扯下来，然后在别处重新筑巢。当然，那个被贴上假蛋标签的杜鹃蛋也很快会被啄出旧巢，惨碎在地上。

或别出心裁使用障眼法以骗对骗，或编织专行通道阻隔觊觎者，或提高分辨率让“假货”无处遁形，或不辞劳苦果断地另建巢穴，面对杜鹃之流的无赖行为，愤怒而又聪明的小鸟“打假”有招。

美文赏析

鸟亦灵慧。当我们以人的视角去观察它时，是憨态可掬；当我们着眼它的生活细节，理解它的行为意义，则又是别有一番趣味。它的一番智慧在此文作者的描述中淋漓尽致地展现，诙谐有趣，生动活泼。作者大量地运用了拟人和比喻的修辞手法，就得以将鸟人格化，增强文字的表现力。

蜜是蜜蜂的秘密

古保祥

蜜蜂一辈子都在做一件事情，就是采花、酿蜜，有始有终是它们的性格长处，有了蜜的蜂才叫蜜蜂，蜜也是它们区别于其他蜂类的唯一标准。

蜜蜂以勤劳著称,你见过哪一只蜜蜂停下来休息吗？懒惰与它们无缘，仿佛它们世传的基因里，根本就没有一个叫偷懒的名词。路人通常以怀疑的、虔诚的、崇拜的目光望着它们，但你不要惹它们，它们一旦动起怒来，便是你的疼与它们生命的代价。

蜜蜂会蜇人，但它们不敢轻易动怒。它的针刺入你的肉里，想飞走，却感觉整个身体都在经受一种煎熬与折磨，这是它们的天性，它们的针与内脏相连，刺入你的肉，它们的整个内脏便四分五裂。

蜜蜂从不告诉世人自己蜜的秘密，蜜是糖，是福气，是蜜蜂精心演绎的佳酿，如此财富绝不轻易示人，不是你用钱就可以买走所有关于蜜的秘密的，你可以享用它们，但你绝不会知道整个事情的来龙去脉，这就是神秘诡奇的蜜蜂大人。

在蜜蜂的手中，没有半成品，半成品是不会卖给人类的，蜜蜂总会精心地完成每一个必要流程，它们知道哪一朵花中有蜜，哪一朵花需要它们。风是媒介，阳光是幻想，偶尔会有几个路人肆无忌惮地路过，蜜蜂们成群起舞，它们不是在表演，是在反抗。

蜂蜜出自《名医别录》："石蜜，生武都山谷、河源山谷及诸山石中。色白如膏者良。"陶弘景说："石蜜即崖蜜也，高山岩石间作之。其蜂黑色似虻。又木蜜呼为食悬树枝作之，色青白。树空及人家养作之者亦白，而浓厚味美。"

更有佳句赞扬蜂蜜。宋朝的赵长卿先生说"蜂蜜酿成花已飞"。多么美妙的诗句，蜜成了，花也昂起高贵的头颅。自古花者，痴也，高洁，与君子有缘，世上没有一朵随随便便的花，花与蜜一旦结合起来，便有了珠光宝气、珠联璧合之妖与娆。

满园芳菲，蜜蜂成群，千万别惊醒一朵花的梦：你惊了花，花惊了蜜蜂，蜂的蜜便酿不好，你便无法享用。

蜜是蜜蜂的秘密，恐怕我们永远无法揭开，远远地观赏，才是你我的长久之计。

美文赏析

这篇小品文表面上科普了关于蜜蜂的秘密，实际上写了生存的哲学。作者借用蜜蜂采蜜来表达蜜蜂的表里如一、言行一致。文章观点鲜明，行文如行云流水，一气呵成。

乡下的麻雀

卢　安

雪天的时候，大人们躲在房间里打扑克赌钱，或者编筐编席子，反正都是跟钱有关的营生；我们则在院子的开阔处，用小木棍支起一个柳条筐子，筐子下洒上一些麦粒或者小米，而后将拴在小木棍上的绳子引到房门后面去。我喜欢在门后面一边听大人们聊着十里八乡的奇怪故事，一边瞅着院子里是否有麻雀过来。

冬天的麻雀长得都有些清瘦，在落光了叶子的杨树上，一眼就可以看到它们灰色的身影。尽管清瘦，但它们却是乡下冬天最有动感的音符。除此之外，大雪中的乡村像是被封闭了的城堡，了无声息。也只有它们“呼啦啦”从枝头飞到人家庭院里的时候，才会让人觉得这个冬天是有趣味的。不过它们在院子里寻觅食物的时候，并不会莽撞地看到吃的便冲过去。所以尽管我眼瞅着它们从筐子边沿上经过，但并不见几个傻瓜一步跨进去，中了我的埋伏。有那么一两只试图进去啄食的，但是却很聪明地只将脑袋探进去试了试，便立刻机警地退了出来。有时候眼看着有一只傻乎乎地闯了进去，却被心急的我打草惊蛇，筐子还没落下来呢，那麻雀便一下子飞走了。所以常常是等上大半天，赌钱的人都纷纷散了，我要捕捉的麻雀，却是一只也没有。空荡荡的筐子下面，谷子倒是被偷吃了不少。我一次次拉绳子拉得失了耐心，就在想要放弃的时候，却时来运转，有一只倒霉的麻雀多吃了几口，被我眼疾手快拽下筐子，于是，它再也逃不出我的手心。

家里没有笼子，于是我便用绳子将麻雀的一只腿拴起来，再将另一端缠绕在桌椅腿上。我自以为让麻雀得到了炉火的温暖，它应该是开心的吧？

可是这不知好歹的麻雀，却焦灼地飞来飞去，试图挣脱掉绳子的束缚，重新飞入门外的冰天雪地中去。我用馒头碎屑、钙奶饼干、麦粒或者谷子来诱惑它，却均被它冷眼拒绝。它只一心一意地瞅着窗外的天空，可怜巴巴的，带着一点哀求和绝望。在逗引了它一下午后，我终于失了耐心。而且父亲也被麻雀拍打翅膀的声音弄得心烦意乱，叫嚷着让我赶紧将麻雀放出去，否则他直接塞进炉膛里。我瞅一眼旺旺的炉火，终究害怕听到麻雀的惨叫，于是解开绳子，捧着已经精疲力竭的小东西走到外面的雪地上去，任它犹豫着拍打下翅膀，“嗖”的一声飞上了空荡荡的枝头。

乡下是麻雀们认定的故乡。它们拉了屎，没有人咒骂，反正随处都可以见到白色的“天屎”。一到夏天，如果几天不打扫，平房上便会落满了白色的麻雀屎，那屎扫掉后，还会有印记留下来，除非用水刷洗，要不很难除掉。但即便如此，也没有女人会指着麻雀破口大骂，顶多会嘴里发出“去去”的声音，扬起胳膊将它们全部赶走。也只有在城市里，麻雀们有无家可归的孤独感。楼房太高，它们无法安闲地在上面踱步。

麻雀大约算是乡下散落的音符，隐隐约约地在不远处缭绕着，没有它们，不只我们小孩子会觉得生活无趣，就是大人，也会在庭院里有无所事事的烦闷。也只有看到它们雀跃的身影，听到它们叽叽喳喳的叫声，打开窗户和房间门，才会觉得这一天是有生气的，不枯燥的。

我看麻雀如此有趣，料定从未厌倦过乡村生活的麻雀们，也必定觉得乡下是可爱的。

美文赏析

文章语言朴实生动，写了乡下的鸟儿，展示了乡村与鸟儿的关系，勾勒出一幅美好的乡村画卷。同时将乡村的麻雀和城市的麻雀对比，以此证明乡村是麻雀们喜欢生活的地方。这其实是对古老的农耕文明的一种怀念吧！

第四辑
一棵草咬住了秋天

一棵草，不想那么快地枯萎，它用尽全力，咬住秋天，让自己在秋风中进行最后一次舞蹈。就像那些向生活妥协的，卸了妆的佳人，就像那些蜷缩在墙角，向太阳取暖的老人，那不也是一棵棵咬住秋天的草吗？尽管芳华不再，尽管那牙齿已松动甚至脱落，可是依然努力地咬紧生活。

一棵草咬住了秋天，秋天何尝不是也在咬紧一棵草呢！

草 如 烟

马 浩

野草，也称杂草，是人给定义的，草似乎并不在意，我行我素，在草的眼里，无处不是它的疆域。

“远芳侵古道，晴翠接荒城。”人到哪里，草就能到哪里，人能到的地方，草能到，人到不了的地方，草便在那里恭候着人。草似乎没有到达不了的去处。

物以类聚，人以群分，草以风为友，以鸟为友，甚至以食草的动物为友。风是个贪玩的老顽童，从洪荒时一路玩过来，对什么都感到好奇，活泼又调皮，它随心所欲地四处游荡，似乎无孔不入。草籽跟随着它，风在哪里稍作逗留，草籽便会被遗落哪里——这样说吧，大凡是风能到的地方，都会有野草的身影。草籽有的是耐心，它一直在瞅着机会，一旦有条件，它就会生根发芽。

人对草，可以说爱恨交加，这种情感，大约源自于农耕文明，草没法存身的地方，人类亦难以涉足。不过，野草太茂密，草盛豆苗稀，与庄稼争肥争水争阳光，威胁着庄稼的生长，威胁了人们的胃，人们便发明了锄头。

锄头的发明，应该感谢野草，农人在使用锄头除杂草的过程中，无意中发现，锄头不但能锄草，还可松土，保持土壤的水分不易蒸发，死在锄头下的野草或许没有想到，它的牺牲竟如此有意义。

斩草要除根，看上去田里的草被铲除干净了，尤其是在烈日下，锄禾日当午，在锄头的作用下，草似乎遁得无影无踪。可一场透雨落过，似乎是一夜之间，野草便从土里冒了出来，商量好似的，简直是不可思议，就像田间的小路，草随着小路追随着人的脚步，一直把小路送到远方。小路如一条蜿蜒的小溪，清亮洁白，若是几日没人踏踩，野草便把小路给封堵了。

野草生命的韧劲，让人感慨万端，草的身上，似乎隐约有着人的影子。

人降生，俗称落草。野草托起一个鲜活的生命，足见野草与人的缘分。平头百姓，又自称草民，简直要与野草称兄道弟。书法有草体，那种酣畅淋漓，纵逸挥洒不逾法度的书写形式，为中华文明所独有。构思文章叫打草稿，构思差不多了，开始着笔，称作起草，文章写就了，谓之草成——文以载道，文章千古事，却委以一个草字。

在日常生活中，头顶着草帽，脚穿着草鞋，身披着蓑衣，餐桌上有野菜，一种古老的游戏叫斗草……乡间有条形容人遇事不沉稳淡定的歇后语，膝盖上长草——慌腿了。说人处理问题不上心、敷衍了事，形象称之为草草。

野草，与人有着千丝万缕的关联，在人们的视线内，总有它的身影。三步之内，必有芳草；人在户内，草在户外；人在室中，草在房顶。人总在不经意之间，看到草的存在：屋顶的瓦楞间，不知何时生出了野草；院墙的墙头砖缝，也成了野草的落脚点。现在，有条件的家庭多以草为坪，没条件的创造条件，也有在阳台上种几盆花草的。日子像流水一样过去了，人们无知无觉，野草似乎替人记住了岁月的沧桑。

在一条人行道上，我曾见过一株野草，长在地砖的缝隙。它怡然自得的样子，像哲人、智者。人行道上，人来人往，它却能规避了人的踩踏；在它不起眼的时候，或许被无数人踩踏过。它选择了在人行道上生长，它必须接受这个现实。

野草，远古时，人们曾用它占卜自己的命运，绝非心血来潮的偶然。

美文赏析

本文通过写各种情境下生长的野草，以及它和人类的联系，来感慨生命的韧劲。同时，又有借草寓人的意思，希望有些方面，人能够向草学习。

苔藓的王国

落　落

“缘阶已漠漠，泛水复绵绵。微根如欲断，轻丝似更联。
长风隐细草，深堂没绮钱。萦郁无人赠，葳蕤徒可怜。”

这是南北朝时期的诗人沈约写的一首《咏青苔》，意思是它在台阶上攀缘的时候啊，给人感觉雾蒙蒙的；一旦下面的水泛上来，又像一块绒毯，软绵绵的。它的根细细小小，好像随时都会断掉，但是奇怪得很，又有很轻的丝丝络络，交缠相连。长风吹来，细草隐伏不见；深堂幽暗，藏着青绿的绫锦窗花一样的苔藓。萦回勃郁无人相赠，生得葳蕤徒然可爱可怜。

青苔不比花草，少有人去描它摹它，歌它咏它。刘禹锡的文章里倒是有“苔痕上阶绿，草色入帘青”的句子，可也不过是借着青苔来标榜自己清高，宁可门庭冷落，也不屑与俗人来往的情操。拿青苔做主角的，少。

青苔是很软和的东西。潮湿的、暗软的、不能生长在阳光下的。以前老屋多、老井多、老墙多、湿地多，家里家外大水缸多，房顶上屋瓦多，下了雨，水坑也多。

这些地方，青苔就多。

青苔，绿阴阴的，毛茸茸的，不声不响的。阳光照到的地方，它就丝丝地亮。可是青苔能长的地方，是不会有很好的阳光照耀的，所以它就总是那么暗暗地铺展着，像如今的绒锦的衣裳似的，把一大块泥土地渐渐地包覆住，像藏住了一大块的心事。

其实，每个人心里都长着暗暗的苔藓，都是一片潮湿的泽国。若是请画家把他们一个个的心思着笔墨画出来，没有一个全是阳光普照的明快色调。

而现实中，苔藓这种东西，有的品种居然是能吃的。比方说傣族人就拿它做菜肴。那种生长在江河内的青苔，抽的丝又长又绿，附生在水底的石头上，傣族人腰里系小筐，去江河或者池塘里采了来做青苔鲜汤。把混在青苔丝里的杂质捡去，再用清水反复漂洗，然后把葱、蒜、芫荽等洗净切碎备用。然后起油锅热油煸香，加入盐和鲜青苔略加翻炒，然后加入鲜汤，烧沸后加入聚果榕嫩尖共煮，熟后加入切碎青蒜然后起锅装碗，在汤面上撒葱花、芫荽即食。

不过诗人们必定不是用它来吃的，而是用它来生发情思的，所以也会有诗人写它。王维的《鹿柴》就写道："空山不见人，但闻人语响。返景入深林，复照青苔上。"王维的心里在想些什么呢？写在纸上的我们看见了，还有一些是没有写在纸上的，它漂在时光的河里，细毛毛的，却是我们看不见的，或者是看见了却不晓得都是些什么。

张协的《杂诗》也写道："青苔依空墙，蜘蛛网四屋。感物多所怀，沉忧结心曲。"他又忧的是什么，结了什么心曲呢？

又有杜牧的《题扬州禅智寺》："雨过一蝉噪，飘萧松桂秋。青苔满阶砌，白鸟故迟留。"

写青苔的诗有很多。

当然了，吃的不如写的多，写的不如长的多，长的嘛，回头看看你心里，它也长在那里了，雾蒙蒙的，青茸茸的。

美文赏析

本文以极少入文的苔藓为主角，首先以诗为引，再由苔藓的可食，写到苔藓的生发情思，并且以古代文人的好几首咏苔藓的诗来做佐证，使文章既脉络分明又血肉丰满。

草儿，草儿

静　水

一棵草儿，会不会有它的喜怒哀乐?

你在草儿旁边说着开心的事，那欢快的容颜是否会感染它?

你冲着它粲然一笑时，它那摇曳的身姿是否算是对你的回应?

微风细雨中，你可曾听到了草儿浅浅的笑?

你踩上去或一屁股坐下来草儿会疼吗? 疼时草儿也只能默默忍受?

你一把一把扯着草儿时它会愤怒吗? 愤怒的草儿是否在抱怨命运的无常?

被踩成小路只留下枯茎的草儿，是否在羡慕别的草儿郁郁葱葱中被自卑包裹?

大树下低矮的草儿，是否后悔自己曾经的选择——大树挡住了狂风暴雨也挡住了阳光和雨露才使它如此的孱弱?

你随口说出“墙头草随风倒”“贱如草芥”时，草儿是悲哀地低下了头还是无奈地扭转身子?

草儿是明白“疾风知劲草”“一岁一枯荣”的道理，才将所有的坎坷当作对自己的考验?

草儿是坚信“每朵花都曾是草，每棵草也都会开出自己的花”，才活得那么坦然?

或许，草儿真的有自己的喜怒哀乐，只是我们自私地不去理会罢了。

一棵草儿割破了你的手指，是无意还是你曾踩伤过它的兄弟姐妹?

你快要滑落时抓住了一把救命的草儿，是因为它善的本性还是你曾呵护绿色感动了它们?

一棵草儿枯萎了，是为谁而心碎?

一棵草儿飘飞在风中，是为了梦想漂泊流浪以致献出生命吗?

似乎很少有一棵草儿被狂风拦腰吹断，不，从没有过！那么草儿就是以它特有的方式告诫我们“柔能克刚”?

“野火烧不尽，春风吹又生”未必是草儿的骄傲，或许，是草儿知道卑微就得坚强吧?

一棵草儿，安安静静地待在一个地方，是在等待前世或今生一个美丽的承诺，还是在看多变的我们是何等浅薄?

一丛草儿绿得出奇，飘舞中露出勃勃生机是因为它们解读出了“团结”的奥妙吗?

我们在说“草芥”时，那抖动着身子的草儿是否在轻蔑地嘲笑我们的自大?

草儿草儿，莫非，你是“听”多了我们的“喧闹”，“看”多了我们的“纷争”才那样平静?一定有棵草儿，一直静静地注视着从它身边走过跑过的每一个人。

草儿草儿，清晨的露珠是你一晚忧伤的凝聚吗?朝阳下闪亮的一刹那，定是你希望的萌发——你一定在自己的世界里活得有滋又有味。

或许，正有一棵草儿，在嘲讽我写《草儿，草儿》本身就是“庸人自扰”。

美文赏析

作者浮想联翩，通篇几乎是一连串的反问，感情充沛饱满又酣畅肆意。从草的外形到草的精神直至草的心灵，设身处地与草对话，蕴含着作者的悲悯情怀。在心地柔软者眼里，万事万物都有情有义，都需要顾及。

地　　锦

诗　雨

地锦，就是爬山虎。我家小区院落的墙上就是，满满一墙，风一起如波涛般摆荡。所以按理说它不该叫地锦，该叫墙锦。不知道这东西怎么长的，好像长着无数的小爪爪，抠墙扒缝地往左爬、往右爬、往上爬。眼瞅着青砖的墙、白灰的墙被爬山虎一点点缠绕、占领，刚开始是线条柔美的画，然后就成了密层层的一墙。叶片愈长愈大，层层叠叠，叶掌一律外翻，旺盛的阳光下，一幅拉不断扯不断的画。

甚至有的地方，人迹少了，爬山虎到处爬，干脆把整个村庄都包裹进里面。

好看是好看，却又无端地让人感觉阴深。谁知道这绿绿的一墙一地一村里面，生活着什么样的虫虫蚁蚁儿。

这东西又叫捆石龙、枫藤、小虫儿卧草、红丝草、红葛、趴山虎、红葡萄藤、巴山虎，属葡萄科植物。

——写到这里，忽然觉得想明白了一件事。

《红楼梦》里，为迎元春省亲，贾府特造大观园，又特在大观园里造了这样一处所在，一所清凉瓦舍，一色水磨砖墙，清瓦花堵。贾政带人游览过来，说：“此处这所房子，无味的很。”步入门时，忽迎面突出插天的大玲珑山石来，四面群绕各式石块，竟把里面所有房屋悉皆遮住，而且一株花木也无。

“只见许多异草：或有牵藤的，或有引蔓的，或垂山巅，或穿石隙，甚至垂檐绕柱，萦砌盘阶，或如翠带飘飘，或如金绳盘屈，或实若丹砂，或花如金桂，味芬气馥，非花香之可比。”清客相公们猜是薜荔藤萝，宝玉说不是，“这些之中也有藤萝薜荔。那香的是杜若蘅芜，那一种大约是茝兰，这一种大约是清葛，那一种是金簦草，这一种是玉蕗藤，红的自然是紫芸，绿的定是青芷。想来《离骚》《文选》等书上所有的那些异草，也有叫作什么藿蒳姜荨的，也有叫作什么纶组紫绛的，还有石帆、水松、扶留等样，又有叫什么绿荑的，还有什么丹椒、蘼芜、风连。如今年深岁改，人不能识，故皆像形夺名，渐渐的唤差了，也是有的。”

后来，这处院落，就成了宝钗的屋子。

宝钗这个女子，心地不坏，可是心思却深。深和重不是一回事。黛玉是心思重，心事沉，压得她不能展眉；宝钗是心思深，知进退，也知道怎样的行事做人于自己为有利，所以，贾母给她过生日，问她想吃什么，想看什么戏，她只依贾母老年人的喜好说来，说是喜吃甜烂食物，喜看热闹戏文，于是贾母更是喜欢。

她也知道顺应时势，家境不好时，她便能够安分从时。她自己平时也不佩戴玉饰等富丽闲妆，她的屋子里也寒素得厉害。贾母领着刘姥姥游大观园，到了宝钗的所在，只觉异香扑鼻。那些奇草仙藤愈冷愈苍翠，都结了实，似珊瑚豆子一般，累垂可爱。可是她的房屋里却是雪洞一般，一色玩器全无，案上只有一个土定瓶中供着数枝菊花，并摆着两部书，茶奁茶杯而已。床上只吊着青纱帐幔，衾褥也十分朴素。

她投贾母所好是做人，她自奉甚薄是为修心。

美文赏析

这是一篇借物喻人的文章，由爬山虎写到了《红楼梦》里的薛宝钗，但是并不对她做道德上的批判，只是对她深感怜惜。

峡谷竹韵

张庆和

是峡谷风的沐浴？是江南雨的滋润？毛竹3月破土，4月拔节，5月刚过半，便长成了这典型的男子汉形象：挺直、高大，一株株、一片片，或伫立路旁，或云集谷底，以坚韧刚毅、不卑不亢的个性，向路人宣示自己的存在。这便是我去福建泰宁，在寨下大峡谷第一次见到毛竹时发自心底的惊羡。

我爱竹，尤爱江南的竹，却始终无缘去那里看竹、赏竹、细细地品竹。于是，一些竹的画，竹制品，往往就成了我心灵的慰藉。

还在部队时，办公室里有老首长从云南边境带回的一把竹椅。那竹椅已经跟随他多年，扶手上的竹片竹皮亦已破损，我就用布把它包上，缝好。老首长转业地方了，临走就把它留给了我。那竹椅又伴我多年，直到我调转了单位，还经常回去借故看看它。我的朋友中有不少是画家，可画竹的不多。听说正安先生是画竹高手，便立即向他求画。先生慷慨，二话没说，不几天就送我一幅名为“劲节图”的水墨竹画；我亦立即找画店裱好，挂上厅堂，如今已伴我数载。

时过境迁，那竹椅早已成为记忆；那竹画笔力遒劲，直抵心性。而眼前这实实在在、生龙活虎般的竹呢，堪称气韵生动，摇撼心灵。

对于毛竹，过去一无所知，见峡谷里一棵棵碗口粗细的毛竹在身旁耸立，用北方人的眼光看，原以为起码也有几岁龄了。问人方知，凡那些竹竿表面还挂着白霜的竹子，都是当年的新竹。进而还获知，毛竹是世界上生长速度最快的植物，45天时间，就能长到20多米高。

5 年的时间里毛竹丝毫不长，到了第六年雨季到来的时候，它便以每天约 1.8 米的速度向上挺进，15 天左右就可以长高约 27 米，成为竹林中最惹眼的身高冠军。更为奇特的是在它快速生长的那段日子里，处在它周围 10 多米内的其他植物会像接到命令似的都停止了生长。等到它的生长期结束后，那些植物才又获得了生长的权力。真是自然界一大不易为人所知的奇观。

从内行的植物学家那里还得知，毛竹的前 5 年不是没有生长，只不过是以一种不易被人发觉的方式在生长——努力地在地下发展。经过 5 年的“地下工作”，一株雏竹的根系已向周围伸展了 10 多米，向地下也深扎了近 5 米。所以，当第六年雨季到来的时候，它才能够几乎以资源垄断的方式独自生长。而此时，周围其他的植物只能望竹兴叹，眼巴巴望着它长高。

毛竹的生长过程或许会给人一种启悟：天人合一，心同自然。只有打牢基础，扎扎实实地做好强壮根系的事情，才会如毛竹一样拥有旺盛的生命力、生长力，直至长成葱葱郁郁的一片风景。

穿越了数公里的寨下大峡谷，边看边想，仿佛真的阅读了一部内容厚重的哲学著作。那里充满了哲理，充满了思辨，充满了对立统一——古老的峡谷与新生的毛竹，皲裂的天岩与新竹的青秀，缓慢的变异与快速的生长……让人品咂不尽。

在植物界，毛竹真的是一个值得赞美，值得骄傲的家族。它独立正直、向上向善，要求得很少、奉献得很多——它驱除了峡谷的空旷寂寥与乏味；竹笋可食，味美，且营养丰富；长大后又可用来织席编篓，制筏做板，就连那条著名的“朱德的扁担”也是毛竹的奉献。

毛竹尽管不是这大峡谷的主角，却尽着志愿者的责任。一年四季，无论晴天雨日，它都在一刻不停地演奏那首生命之歌，新生之歌，绿色之歌。

美文赏析

毛竹让“我”惊羡。未见竹前，爱竹画竹椅；见竹后，遂被竹的精神折服，并从中获得打牢基础，踏实做事，才能风光独好的领悟。作者认为，毛竹是值得赞美的，因为它独立正直，甘于奉献。文章借景抒情，字里行间都充满了对毛竹的喜爱和敬佩之情。

三　叶　草

马　浩

不知因何，潜意识里，无端地把三叶草与绛珠仙草联系在一起。总觉得绛珠仙草就是三叶草的样貌。

柔柔弱弱的，茎细叶小，叶卵形，顶在细长的梗上，三只一簇，汪着盈盈的水意。花明黄，小如针鼻，娇小妩媚，似有着林妹妹的影子。

> “西方灵河岸上三生石畔，有绛珠草一株，时有赤瑕宫神瑛侍者，日以甘露灌溉，这绛珠草始得久延岁月。后来既受天地精华，复得雨露滋养，遂得脱却草胎木质，得换人形，仅修成个女体，终日游于离恨天外，饥则食蜜青果为膳，渴则饮灌愁海水为汤。”

——世上本无绛珠仙草，曹雪芹愣是给创造了出来。

三叶草，家乡俗称掐不齐。其名由来，曾听大人讲，用指甲掐其叶，无论怎么掐，都掐不齐整，故名。儿时好奇心重，每每坐在土堰顶，面前看着一堆三叶草，在那里努力地掐，指甲都染绿了，果真是掐不齐。记忆中，好像童年的时光似乎都在验证三叶草叶可否掐齐整这件事上了，辜负了多少唐诗宋词元小令。

时光倏忽而过，人已中年，两鬓已染岁月风霜，方才知道，原来俗称掐不齐的三叶草，还是一种美味野菜。

作为野菜的三叶草，不像其他的野蔬多受时令的限制，比如荠菜、蒲公英、马兰头之类的，过了清明，差不多也就过时了。三叶草一反常态，初春可食、仲春可食、暮春可食，便是初夏，依然可食，哪怕是开花了，照样可食。

一般的野菜，多是用以凉拌，吃的亦就是那一点点略带苦味的春意。三叶草宜清炒，可加些许大蒜，菜色青碧，映以白色的蒜片，似如清潭中映着点点云絮。养眼又美味，慢慢咀嚼，满口的清香。

三叶草，野地里似乎随处可见。掐回来做菜时，一时童心大发，玩起了掐叶子的游戏，不想让我寻到了掐不齐的因由。三叶草的叶脉络发达，就像浇筑水泥地面的钢筋网，想把叶片掐齐整，就要把那些细密的脉络掐齐，显然这是不可能的。这一意外发现，似乎给童年的那个我找到了答案。

心血来潮，我又挑了几根，把它们放在青花小瓷杯中，注入清水，放在我的书桌上。所以用放，而不是插，因三叶草太过弱小，根本无法插，只能歪歪斜斜地靠在杯口。没想到，时过半日，它们便挺身而起，绿意盎然，给我一个不小的惊喜。

一般插花，最多亦不过三两天，三叶草却伴随了我月余之久。这让我有足够的时间来观察它。每晚8点来钟，它的叶片慢慢地合上，进入休眠状态，次日，差不多亦是8点多钟，叶片徐徐舒展开。茎叶间开着黄花，诗眼一般入心。

三叶草，神奇的草，给接近它的人带来诗意。

美文赏析

本文以三叶草为主角，写这种不起眼的小草的可食与美丽，并且把它和林黛玉联系起来，因为二者都有娇弱的特质。文章语言平实通俗，又含有诗情画意。

植物的名字

方爱华

名字具有大智慧，这一点，单从我们每个人与众不同的名字就可以得到验证。有的名字有学问，有的名字大气，有的名字优雅，有的名字好听，有的名字好写……

植物的名字同样也有大学问。

小时候打猪草，经常遇见一种叫小鸡棵的植物。它成熟后的种子就像一只毛茸茸的小鸡，是孩子们喜爱的玩物，你甚至可以清晰地看到它身上白色的绒毛以及黑而圆的小眼睛。而《本草纲目》上载："此草服之能益智强志。"故而它有个响当当的大名——远志。就像一个叫丑蛋的男孩子被学堂先生起名鲲鹏一般，忽的光鲜亮丽起来。一介小小的草木，似乎也有了鸿鹄般的远大志向。

老妈妈棵是亲切的，念在嘴里有如家的温暖。喇叭形的外表，由浅入深的紫红色，更让它看起来像深不见底的岁月。使劲嘬它的底部却感觉甜甜的，有妈妈的味道，于是称其"老妈妈棵"。生活中的它们是没名没姓的野孩子，而走进本草的它们，却一跃成为一种有名的中草药，还有了一个很堂皇的名字：地黄。从周朝开始，这号称"四大怀药"之一的地黄就已经被历代列为皇封贡品。可我还是喜欢叫它们的小名，犹如儿时的伙伴，是一份没有距离的亲切。

忘忧草，就是百姓素常说的金针菜，也称黄花菜。是年节佳肴里少不了的一味珍品。传说当年李世民随父征战，其母因思念儿子忧思成疾，民间医生用黄花煎汤让李母服用，很快病愈。人们便以此为佐证黄花菜能忘

“忧”，其实是黄花菜的食疗功能起了作用。忘忧草又称萱草。早在西方的康乃馨成为母爱的象征之前，我国古代就已经把“萱草花”作为了母亲之花。所以古时游子要远行时，就会先在北堂种萱草，希望母亲减轻对孩子的思念，忘却烦忧。唐朝孟郊《游子诗》“萱草生堂阶，游子行天涯；慈母倚堂门，不见萱草花”便是指这个意思。

车前草的样子很有趣，厚厚的叶子尖而圆，贴地而生，像极了肥猪的耳朵，因此得名“猪耳朵棵子”。它代表了一种鲜活的本土记忆，让人想起遥远的打猪草年代。《诗经》里唱：“采采芣苢，薄言采之。”或许，那是车前草最古老的样子吧。而进入《本草纲目》的它，却是作为一种清热明目的草药流传下来的。汪曾祺先生称其有一种童话情趣。这样的比喻真好，一株草仿佛有了大境界。对一部作品，一种艺术，称其有童话情趣，是最高的赞誉。童趣是美的至极，因其纯真。

在古代，这些不起眼的草木都是以药用价值进入文化的。一株普通的野草，就这样从文字里走出，百年又千年地在诗意的河面上徜徉、泛舟。

大道至简。生活中，越是素朴平凡的东西，越有超强的生命力，越在时光和历史的流变中回味久长。

比如“菘”。草本里的青松，凌冬不凋。多婀娜，多高雅！真人总不露相，植物亦有大气魄，大胸怀。这样的命名，堪称智慧。再读汪曾祺先生的“文求雅洁，少雕饰，如春初新韭，秋末晚菘”。简直有惊艳之感。植物在文人笔下呈现出别样的艺术美。而落入生活的它们不过是普通的大白菜，不仅寡淡且满身的烟火味。即使这样一副傻大粗笨的憨相，却偏有人赞其淡泊。也总有大画家愿意将其入画，并为其立碑树撰。俗话说天然去雕饰，那是骨子里的美。

真正地认识一个人不容易，而真正地认识一种植物，有时候，同样也需要很长时间。

“老瓜瓢”是指其形像“瓢”，青嫩时，可食，有淡淡异香。成熟后小伞一样的种子，趣味堪比蒲公英。这个生活在乡下，陪伴了我们整个童年的小东西，有着诸多芳名：白环藤、奶浆藤、婆婆针线包、青小布等。

学名萝藦。我最喜欢的名字叫“芄(wán)兰”，来源于《诗经·卫风》：“芄兰之支，童子佩觿(xī)。虽则佩觿，能不我知。容兮遂兮，垂带悸兮。”两小无猜，一起玩到大的童年伙伴，是多么令人艳羡的好朋友，可长大后男孩忽然间对女孩的态度疏远了。于是她就生气地对他说：“你长大后戴着觿和韘我就不认识你啦，瞧你那假正经的样儿！”男孩的可笑幼稚和女孩的无奈与“愤怒”之情一下子被描摹得淋漓尽致。

儿时追着小伞奔跑的情景早已远去，而那些植物不经意间带给我们的快乐，却深深留在心灵的最深处，永远感动温暖着我们的生命。

美文赏析

本文是介绍植物名称的，但是，语言又绝不呆板无聊。在行云流水一般的叙述中，通过比喻、拟人、引用等修辞手法，我们可以一一知晓这些花花草草的名称。这是给大家上了一堂生动有趣的植物课呢！

竹风流泉

远　山

草木中最喜竹。

我一直相信草木有心，万物有灵。所以也常常觉得自己是一只鸟儿，无惧他人的目光，自在吟唱；或是一只蚂蚁，大雨滂沱之际，为它们急切的脚步而心慌，甚至伸手去帮它们搬家；或是一片树叶，零落于泥土便安然地给树木当肥料，待春风吹来，我便生成一株嫩芽；或是一粒花籽，春天到了我会忙着开花。

更是常把自己当成一根竹子，静静地闲在围屏之内，任外面软红十丈，鲜衣怒马，我自仰头看白云弄机杼，清风修篱笆。

喜欢月夜里的竹林，静谧中又多了一份清凉。闲坐林中，心清景明。密密匝匝的竹叶将满天星光筛成一地碎银，光影婆娑在身上，像在我耳畔温柔地呢喃，更像竹影在研墨写诗，字里行间有隐隐约约的暧昧。万籁俱寂，若有风轻轻摇曳，便能听到月色散步的碎玉声。

拾柴生火，将心里潮湿的苔藓全部烘干。待炉火雀跃，烹一壶月光茶，蒸腾起的烟雾袅袅，是我以茶香为墨即兴写一封信，空山松子落是邮差，寄给幽人应未眠。

若只身一人，“独坐幽篁里，弹琴复长啸。深林人不知，明月来相照”，更有一分难以言说的妙意。此时我大可用竹林盖一间茅屋，以琴音淙淙的旋律挂帘，隐居于此，不问西东，请明月来做客，我枕月而眠。

若是竹林深处有一古刹，那么我甘愿做一条在林中蜿蜒的绿茵小径。整日以露水沐浴，以竹风洗耳。

若正值盛夏，我喜欢躲到竹林里，坐到竹影花影里去。这时候我能听到花影在唱歌，声如流水，将我穿梭于尘世惹来的风尘，涤净一新。

我听到鸟雀拂琴弦，将竹林里氤氲的雾气筛得柔软蜿蜒。清风流成泉，阻隔袅袅尘烟，在我与碌碌红尘之间挂一幕水帘。身旁溪涧涓涓，在我的耳朵里借宿，远处飞瀑溅玉，洒落满竹林的水珠儿。

我采回茸茸的青草和野花，将它们一枝一枝插在瓶里，悉心照料，待秋风来，洒落满心的草籽花籽。等到明年春天，小草会在我心里抽出嫩芽，满心绿油油的，花籽会在我心里开出一座花园，芬芳拂满面。

最喜欢竹林听雪。整个世界安宁地沉浸在静气之中，浮华三千归于岑寂，鲜衣怒马换成素衣麻衫。此刻根根翠竹如一位位静定修行的僧侣，披着洁白素净的僧袍，立于风寒之中如如不动，只静静地看着云烟舒卷，自在安然。

我端坐在它们身旁，听细雪沙沙扫在竹叶上，像竹子拆开一封封天空寄来的信，又像一位风雪夜归人前来投宿细碎的脚步声。时而大雪纷飞，玉树琼花，像天空在为竹子盖被。我只是看着，看到落雪在竹林里开出一朵朵白莲。

“闲居日清静，修竹自檀栾。嫩节留馀箨，新丛出旧阑。”修一片竹林，时光会静成山水画，素淡的日子会过成诗与远方。守满山翠竹，亦是在喧嚣的俗世里截取一片纯净不染的清凉之地。

愿意付此一生素居于此，听雪吟成诗，听风流成泉，花时金谷饮，月夜竹林眠。

美文赏析

本文作者通过对不同地点不同环境里的竹子和竹林的描写，表现了作者想要幽居竹林的愿望。文章以竹林为主线，直抒胸臆。语言空灵婉约，自在柔美。

一棵草咬住了秋天

朱成玉

“自古逢秋悲寂寥，我言秋日胜春朝。晴空一鹤排云上，便引诗情到碧霄。”刘禹锡所言极是。

我与他不同，我是从一棵草的生命里看到了秋天的诗情。

一棵草咬住了秋天，是的，咬住了秋天。秋天真的就站在那里，不再往前一步。

它紧紧咬住秋天，它在向命运交涉：你向我借的是春天，缘何要还给我一个瑟瑟的秋？我要的是绿意，而不是枯黄啊。

秋天太丰满，草的腮帮子鼓胀胀的，它咬住的，实在是金黄的亿万分之一。

为了能让秋天走得慢一些，一棵草殚精竭虑，别无他法。唯有用自己的一腔赤诚，紧紧咬住秋天。

秋天会有一丝疼吗？这亿万分之一的痛，能让秋天再逗留多久？

一棵草，只是咬住了秋天。这个世界的坚硬，它不想触碰；这个世界的冷峻，它不想战胜；这个世界的诱惑，它不想陷入。也许是因为它不是玫瑰，才不渴望高贵的陪衬；也许是因为它不是茉莉，才不嫉妒其他的花香；也许是因为小草天生一棵小草的心，它顺从自然，而不使世俗过多地来为难自己。只是，它也有它的留恋，它紧紧咬住秋天，哪怕让秋天多停留一秒。

因为饱满过后，秋，会很快地开始瘪下去。

就像一个倔强的人，终于向生活妥协。曾经的精致已不可寻，如今只剩素面朝天，不施粉黛，靠着门框，和风说一些不着边际的话；就像一位倚在墙垣席地端坐的老人，借着夕阳的余烬取暖。多取一份暖，便可多抵挡一阵暗夜的寒。

一棵草的身旁是一棵小树，支撑着病快快的天空。叶子曾经涂得很绿，花儿也涂了红唇。可是它们再俊朗，再妖娆，也抵不过一丝凛冽的袭扰。

它虽然是一棵草，但路口的那些野花，是断然抢不走它袖口的芳香的。

它的信念是：可以是一棵草，但必须是紧紧咬住秋天的那一棵。

秋天捂住胸口，做了一个短暂的停留，这已足够，一棵草可以心满意足地垂下头颅。看着秋天里每一个劳作的人，那是一幅幅生动的油画，质感细腻，背景丰盈。看着秋天的米，在阳光的护送下，一粒粒回到了各自的家。

时光可以把燕子变成雨点，也可以把雨点变成燕子。更多的雨点一哄而散，纷纷撤离。在那四散开来的奔逃里，它分辨不清哪些是翅膀，哪些是灰烬。一棵草的眼里，即便是灰烬，也香艳无比。

最后，它或许会成为稻草人身上的一根筋脉，随着原野越来越空旷，它的忧伤也渐渐显露，欲盖弥彰。

麻雀答应它，要留下来陪它。麻雀停落在稻草人的肩头，与它窃窃私语。感念丰盈的旧日时光，慨叹即将到来的萧条与凄凉。

麻雀的胃里，只剩下三五颗麦粒儿，可是更凛冽的北风就要来了。

一棵草，不想那么快地枯萎，它用尽全力，咬住秋天，让自己在秋风中进行最后一次舞蹈。就像那些向生活妥协的，卸了妆的佳人，就像那些蜷缩在墙角，向太阳取暖的老人，那不也是一棵棵咬住秋天的草吗？尽管芳华不再，尽管那牙齿已松动甚至脱落，可是依然努力地咬紧生活。

一棵草咬住了秋天，秋天何尝不是也在咬紧一棵草呢！

美文赏析

如何描绘小草的坚强呢？本文作者想到了一个字——“咬”，这种典型的拟人手法，让一棵草，瞬间变得生动起来。结尾处的升华是本文最重要的地方：“就像那些向生活妥协的，卸了妆的佳人，就像那些蜷缩在墙角，向太阳取暖的老人，那不也是一棵棵咬住秋天的草吗？尽管芳华不再，尽管那牙齿已松动甚至脱落，可是依然努力地咬紧生活。”

拔 野 葱

莫 恨

应该是 20 世纪 70 年代初的一个秋末，我们部队冒着寒风和茫茫细雨进行千里野营拉练。返回时，驻训于小南海火车站附近。按预定计划，部队将在那儿进行一次实兵实弹对抗演习。

作为通信兵，我们必须在部队到达演习阵地之前，完成上下左右的通信网络布局，及时给部队安上千里眼、顺风耳。期间，我发现演习场内外的乱石堆、杂草丛，以及坟茔、沟坎上，到处都是一簇簇、一丛丛、一团团青油油、嫩冬冬、水灵灵、活泼泼的野葱。

诗人说："二月二日新雨晴，草芽菜甲一时生。"没想到在这大地封冷的季节里野葱却碧绿茂盛，真是令人惊奇。

这可是宝物呀，连《齐民要术》《本草纲目》都把它称为蔬菜之王，遗弃于荒山野岭太可惜了！我在心中叹息着。同时，想到它最后会凋枯，腐败为泥而心生惆怅。

野葱，又称沙葱、麦葱、山葱，是极佳的上等素食调料，其香味胜过小葱、大葱、火葱、水葱和洋葱等所有葱类植物。它浑身都是宝，花、叶、茎、头，乃至根须皆可食之。

不由分说，我拿起修工事的小洋铲就拔起了野葱。战友们见状，也纷纷加入了拔野葱的行列。

野葱喜欢在含沙多、泥土浅细之地生长，所以拔起来比较容易。像拔落花生一样，把长于泥土之外的青苗聚在一起，稍稍往上用力一提，就可以连根拔起，且不沾泥带土，上青下白，干干净净。如果拔不动，说明它生长于盘根错节的杂草间，或板土里了。这时切忌用蛮力，否则就会苗断茎折，身首分离。遇到这种情况，就该小洋铲发挥作用了。先把小洋铲挨着野葱插入泥土轻轻撬动，待野葱根部撬松之后，再慢慢拔出野葱。此法笨拙，用力难均，往往不能把每窝野葱都拔干扯净，这恰恰给野葱来年再发芽留下了种子。

拔那么多野葱回去干什么？说实话，我们心里当初也没有底，只觉得它长在那荒山野岭有点可惜；一些出生于城市的兵纯粹是出于好奇，或好玩。哪知炊事班长见了却喜出望外，如获至宝。他马上做出决定，要做一餐野葱宴犒赏三军。

炊事班长心灵手巧，他三下五除二，还真弄出了像模像样的野葱宴：有凉办葱须、茎白粉丝、葱馅大包、葱叶鸡蛋、葱泥白肉、青葱米粥和葱花藕汤等等，把食堂弄得香气扑鼻，美味四溢。看到战友们大快朵颐地分享着我们的胜利果实时，我心中似乎有朵朵清幽素雅的野葱花在绚丽开放。

美文赏析

文章写“我”无意中发现野葱，然后和大家一起拔回来，炊事班长举办了一场盛大的野葱宴的情景，展示了部队生活的乐趣，也使读者对于野葱的作用等有了认知。

母亲的苦菜茶

苇草之野

母亲从乡下老家送来了她一手炒制的苦菜茶。

打开茶罐，一簇一簇干燥的深绿叶片，失却水分的淡黄、粉白小花，醒目的红枣，拥挤在一起，仿佛正在沉睡。那淡淡的清苦味道是不是苦菜茶梦里芬芳的呼吸?

母亲说，春天火大，苦菜茶凉，多喝点，对身子有好处。

母亲坚守在老家，和父亲相依相扶，度着平静寂寞的光阴。我在小城，闭上眼，就会看到母亲在老家的小院里，弯着腰唤一群黄绒球鸡仔吃食的样子，阳光淡淡的，闯进院子的风掀起母亲一丝丝白发。我还会看到父亲，父亲扛着锄头或一把铁锨，手里永远牵着一只羊，羊边走边贪吃着路边新鲜的草，它的嘴巴浸染着湿漉漉的绿。

是的，这是在春天，阳光倦暖，时光缓缓。

在每个春天，草长莺飞，麦苗返青的时节，父母便整日在田间劳作，他们翻耕土地，播下种子，给口渴的麦苗浇水，给发芽的青菜松土，像呵护我们一样，一心一意，专心致志。他们的身子和影子一样干瘪瘦弱，但内心里却汹涌着对儿女的挂念。

母亲在父亲坐下来抽烟的时候，开始在长满青草，幸福地开着黄色、紫色、白色、红色小花的坡地上寻找，她的一只臂弯里挎着上了年纪的竹篮子，一只手选择出夹杂在草们中间，有着披针形叶子的嫩苦菜。这些叶子在暖融融的阳光里绿中泛紫，内敛而低调，但又常常被高耸的黄色花朵“出卖”，嫩苦菜就在这样的矛盾中，被母亲一棵棵收进竹篮。母亲还会选择一些矮墩粗壮叶子嫩绿宽大的蒲公英。蒲公英已经发育得很好，在嫩叶的簇拥下豪放地绽出伞花，大声地说着话。

母亲的竹篮里很快就堆满了嫩苦菜和蒲公英，它们不谙世事地互相拥挤着，偶尔一朵花高高地挑起来，像不安分的雄鸡高高地昂着头的样子。有时候，父亲也会帮母亲拔一些苦菜和蒲公英，但母亲总是不满意，絮叨说父亲采摘的苦菜总是太老，羊都不喜欢吃……

母亲把嫩生生的苦菜和蒲公英洗净，晾干，切成小段，加入去年留下来的红枣，一起放在铁锅里，用柴火慢慢焙炒，静待水分从苦菜和蒲公英叶子里慢慢撤走，期间，洒入蜂蜜少许。叶片炒至微黄，蜂蜜和大枣的甜香也早已抽丝剥茧弥散进新鲜的春茶里。一份散溢淡淡清香的苦菜茶就新鲜出炉了。母亲把苦菜茶均匀地分成两份，一份给我出嫁的妹妹，一份留给漂泊在外的我。

就这样，每年我都能喝到母亲亲手炒制的苦菜茶，苦菜茶性凉败火，清热解毒，轻轻地啜一口，清淡微苦的气息便渐渐弥漫至全身，让人觉得沐浴在春风里。更令人欣喜不已的是，春季我嘴角生疮，流鼻血的毛病，在母亲苦菜茶的浸润里已经多年没有了踪影。

在母亲关切的目光里，我小心地倒出一小撮苦菜茶，置入杯子，倒入开水，干瘦微黄的苦菜和蒲公英顿时鲜活起来，争先恐后地绽出一片片嫩绿来，愉悦而张扬，像午睡醒来的人痛快地舒展着腰肢，那些一度蔫掉的黄白小花也枯木逢春般再次绽放成一朵朵欢欣与温情。

是母亲把乡村的春天带到我的小城，栽到我的杯子里了！

美文赏析

本文通过描写母亲从乡下老家送来了她一手炒制的苦菜茶，在品茶的过程里，回忆起母爱的温暖、父亲的辛劳、老家的温馨。字里行间浓缩着对母亲的感激和想念之情。文章朴实的语言中自然流露出对母爱的感悟与品味。

荠 菜 生

默 默

小时候漫山遍野疯跑疯玩，哪里不曾到过，什么不曾玩过。沙滩上纠缠在茅草上的金黄色的菟丝子，我揪过；河里飘摇的水草我捞过；肥肥大大的猪耳草，我拔过；麦田里的王不留，也叫挂面条，我掐破人家小灯笼样的果儿，吃过里面的籽儿；至于荠菜，如果放在纸面上，真是觉得陌生的，即使看到图片，我当初也叫不上来它的名字，可是它的曲曲弯弯的叶儿平铺在地面上的样儿我见过，长长的茎上左一下右一下、左一下右一下伸出去的扁扁的小绿三角的小米袋儿我捏过，捏破了，里面就是白白的小籽儿，吃在嘴里，味儿是淡的。

原来这就是荠菜呵，上过《诗经》的荠菜："谁谓荼苦？其甘如荠。宴尔新昏，如兄如弟。"

春天将至未至，天气还寒凉着，荠菜就已经长出来了，难怪晋人有诗说它是"钻重冰而挺茂，蒙严霜以发鲜"。

它开出来的小花实在太不起眼，白白小小的，在料峭的春风里招摇。人们吃了一冬的大白菜和土豆子，嘴里寡淡，偏它长出来了，怎么不心动？苏辙种菜，天气太旱，老是不出苗，他哥东坡写诗调侃："新春阶下笋芽生，厨里霜齑倒旧罂。时绕麦田求野荠，强为僧舍煮山羹。"种的菜出不来，那便挖绕着麦田生长的野荠菜罢。

荠菜一生，就是春天来了，要耕田了。耕后的田里，落阵春天的微雨，群鸟咸集，在田里翻着耕田耕出来的小虫吃。牛栏里的牛也要准备劳作，桑叶生发，蚕也要养起来了。春播即将开始，大忙季节就要到来，不知谁家的年轻女子，穿着白衣青裙，趁着大忙前的闲暇时光赶着去走娘家。

初春天气，田野上除了新荠可吃，春风可趁，也就没有别的了。过去人们吃荠菜也是没办法，因为青黄不接，没别的菜可吃。而且到处都是农田，到处都是荠菜。若是搁在现在，高楼多而土地少，若是有一大片土地生长一大片鲜嫩的荠菜，人们还不得倾巢出动，转眼间把田野铺满。

荠菜的吃法是相当随意的，陆游专门写一首小诗，讲的怎么吃荠菜："小著盐醯助滋味，微加姜桂助精神。风炉歙钵穷家活，妙诀何曾肯授人。"荠菜加些盐酱之类，再用些姜末桂皮，穷家吃起来也蛮有滋味，甚至敝帚自珍，不肯把妙诀轻易传授于人。

也有讲究的人，把挖来的荠菜包饺子，包馄饨。汪曾祺笔下有一个卖馄饨的秦老吉，"别人卖的馄饨只有一种，葱花水打猪肉馅。他的馄饨除了猪肉馅的，还有鸡肉馅的、螃蟹馅的，最讲究的是荠菜冬笋肉末馅的，——这种肉馅不是用刀刃而是用刀背剁的！作料也特别齐全，除了酱油、醋，还有花椒油、辣椒油、虾皮、紫菜、葱末、蒜泥、韭花、芹菜和本地人一般不吃的芫荽。"

就靠这讲究的馄饨，把三个女儿养大，送她们出嫁。

他的笔下还有一个能干的尼姑仁慧，会做咸菜，也会包饺子。有的善徒会在散生日的时候到她的观音庵吃一顿素斋，素斋最好吃的是香蕈饺子。"香蕈（即冬菇）汤；荠菜、香干末作馅，包成薄皮小饺子，油炸透酥，倾入滚开的香蕈汤，刺啦有声，以勺舀食，香美无比。"施主们最不能忘的就是这香蕈饺子。他们吃了之后，把仁慧叫来，问："这是怎么做的？怎么这么鲜？没有放虾籽么？"仁慧忙答："不能不能，怎能放虾籽呢！就是香蕈！——黄豆芽调的汤。"

凭着他这一支生花妙笔，都引逗得人特别想来一碗荠菜、香干末做馅的香蕈饺子吃。

荠菜还可剁碎了煮粥，也可剁碎和大黄鱼一起做荠菜黄鱼羹，也可与肉一起做春卷的馅……实事求是地说，荠菜单吃其实是不大有味的，不过是吃的一个野意，春情；若要好吃，还得要和别的菜蔬以及精米白面来配，这样大家都香，都好吃，都体面。

美文赏析

作者对于荠菜这种野菜可谓爱得深沉，文笔淡然美好，写出了初春荠菜生长的美好景象；又写到汪曾祺笔下和荠菜相关的人物，再加上引用的写荠菜的诗，可见作者丰富的知识面。

朋友送我马齿苋

西　风

小时候最常打交道的野草就是马齿苋了，不过那时候我们不叫它马齿苋，叫它马生菜。

马齿苋的叶片蛋圆，油绿绿而亮闪闪，好像敷了一层粉。圆圆的梗儿，半透明而极脆。它有一个专属的名字，叫“猪草”。每当我娘叫我去打一筐猪草的时候，我就知道是要打它来喂我家的猪。虽然猪也吃别的草，但只有它叫“猪草”。

这东西还能玩。叶片肥厚的马齿苋在地上一丛一片地铺展开，拔一截马齿苋的茎秆，轻轻一撅，就折了，但还有外面的一层薄皮连着，再反方向一撅，最后得到一串长长的“挂饰”，挂在耳上，一步一摇，跟耳环似的。

家里有白包袱皮，拿来做白娘娘身上裹的白裙子；我奶奶还有一大块闪蓝缎子，上面绣花鸟，可以披起来扮演佘太君。耳坠呀、联垂呀，马齿苋就能充当。额上贴的那一排密密的蛋圆的东西（现在才知道叫“额妆”），自己也可以铰些白铁皮的废片，中间涂黑了，贴上去……还有脸上和嘴上的胭脂，拿过年贴对联的大红纸揉出红水，再不然就用红砖磨出粉末来，往脸上涂，估计也可以。然后，到戏台上，扭搭扭搭地，唱戏去。

别笑。我那时候是非常认真仔细地考虑这件事，还真的招兵买马，打算自立为王——我当团长。结果大人张着窑口一样的嘴巴一顿笑，就将我笑没办法了。

马齿苋最令人头疼的是随地生根，拔它也没用，锄它也没用，太阳晒它都没用，只要稍微阴一点天儿，给它一点儿潮气儿，它就能重新扎根长出来。真是拔掉一层又生一层，层出不穷。

据传当初十日并行，江河湖海为之竭，走兽飞禽皆死，禾苗如柴百姓饥。羿奉尧命十射其九，小十惶惶然无处藏，就如一张硕大的面饼趴伏在肥厚的马齿苋下面。后羿寻之未得，悻悻而去，才有今天的丽日行于天，江河丽于地，人畜鸟虫草木代代化衍生息，有了《诗经》和《楚辞》。征战烟尘渐消渐散，人世清明，露出一丛丛绿茵茵的马齿苋。

这东西遍历千年，羊啃牛踩猪兔啮食，人又锄之拔之揪之采之，却始终不能绝之，日焰烈烈，久晒不干，是以又叫长命菜、安乐菜、耐旱菜……

今晚我家就吃了一餐凉拌马齿苋和马齿苋炒肉丝。苋根细嫩，叶圆如眼，是朋友送的，她的马齿苋长在自家小园。

把马齿苋烫软，挤汁，翻拌，盐醋姜蒜凉拌，鲜美滑润，暑热为之一清；又锅内放油少许，将葱、姜、蒜、辣椒炒出香味，瘦肉丝放入翻炒，再放入马齿苋，加盐、味精，翻炒均匀，色翠茎嫩肉丝香。我奶奶当年拿它包过饺子，调素油做馅饼，可省菜钱。

朋友送来的提兜里，还有一袋甜面酱，一袋酱油，一瓶腐乳，一袋蕨根粉，脑子里就像自动放电影：看见她下班回家，来到自家后园，看着铺展一地的马齿苋，一茎一茎慢慢地往下掐，放在左手里攥成把，抬头看，园里有粉蝶，有葱的鲜辣和洋姜的黄花。又看看自家厨房，抓一袋面酱，抓一袋酱油，抓一瓶腐乳，抓一袋蕨根粉——她又赠我一份世上人家后园和厨房里满满的柴米馨香，人间浩浩荡荡的日月阴阳。

和这位朋友平日交情清浅，却是风致俨然，因为人心里都装着阳光、雨水、小园、红头的蜻蜓、枝梢的雪，还有挂面条、羊奶奶花、节节草，马齿苋在记忆的田野路边及庭园废墟如丝如绣，满地铺展，夹竹桃花开，燕雀飞来。

美文赏析

本文用朋友赠“我”马齿苋来说明“我”和朋友之间虽然交情清浅但是风致俨然的美好姿态。语言生动流畅，读之如泻。

薤上露，何易晞

诗　雨

汉魏时期有一首挽歌是这样唱的："薤上露，何易晞。露晞明朝更复落，人死一去何时归。"

薤上零落的露水，是何等容易干枯。露水干枯了明天还会再落下，人的生命一旦逝去，又何时才能归来?

上古的人，说话都短，意思都饱满。

薤，就是野蒜，长在田间野地，牛羊不到的地方——若是牛羊到，必定给吃掉。潮润润的绵土上一缕缕细细柔柔的长叶，底下一簇一簇白白的小蒜头，大小不及指甲盖。一锨下去，扬臂一扣，叶子在下，蒜头露出，香气袭来。

犹记得当年父亲带我挖野蒜的情景，那时他初得半身不遂，调理得手脚大体能动，骑着小三轮，带上我去了河滩地。一路看了些平畴方畦、地里的小麦，路旁的白杨树仍旧睁着大大的眼睛，榆钱正开，空气里一阵阵甜香传来。我爹在一片油菜花地边停下来，拐着腿深入腹地，我扛着锨穿高跟鞋迈不开步，东一歪西一倒地追。引水渠里全是细沙，小时用吸铁石一吸，就刺猬一样长满了铁屑。长长的渠岸上长满薤的柔细嫩绿的草叶，我欢呼着一爪子拔下去——没有连根拔起，这东西恁脆，齐齐断开。用锨小心翼翼地铲，野蒜苗被铲起，倒扣过，白白小小的蒜头在黄土里星星点点地眨眼。

野蒜，百合科，多年生草本植物，气味相似大蒜，故名野蒜；根色白，又名薤白。此外，又欺负它蒜头小，称小根蒜。

我挖野蒜不是看中它的上古的薤草的身份，我是图它和家蒜一样，能吃。野蒜和家蒜出身是一样的，不过一个成了家臣，一个成了流浪的武士。一个圈养在人类的封地里，吃得肥头大耳，一个流浪在广袤的田间地表，承风历雨。

野蒜的吃法很简单，就是蒸野蒜饼子。把野蒜小小的蒜头一个个揪下来，再清水洗干净，和进玉米面里，放一些盐，像蒸一般的玉米面饼子一样，上屉蒸熟。野蒜熟后变软，有一股细细的蒜香，和着盐味，不用就菜。再喝一大碗玉米面粥，就是农家一餐饭。这东西挖着容易，洗着麻烦，所以吃野蒜饼子也不是天天有的事，偶尔吃一次，能记好几年。

明明都是蒜，家蒜就不能用来蒸蒜饼子，野蒜就能，不知道是什么道理。

而且野蒜细茎如针尖，那夜露挂在茎上，也不过大小如针尖欤！日光一烘，霎时无踪，确实不由人慨叹人命如薤命。

一个好友去世了。

在她走之前，最近几年，彼此际遇已经让我们分开，在各自的轨迹上运行开了，重叠的轨迹少到几乎没有。可是我仍旧时时想起她来。我觉得，哪怕我们彼此一年一年地见不着面，在我看不见的地方，你好好地活着也好。

可是没想到她走得这样早。

看着她的遗容，泪像珠子断了线，止也止不住。短短数年间，我的父亲逝去了，我的母亲逝去了，就好像是一个信号一样，吹响了身边的亲朋好友一个个离世的号角。又好像本来我的父亲和母亲就像一把大伞罩在头上，有他们顶着，我就感觉不到生离死别的哀伤，而当他们离去之后，这种哀伤就通通地浇到了我自己的头上和身上。

我在不知不觉地变老，泪窝开始变浅，开始控制不住自己的眼泪。我老了，而有的人连老的机会都没有了。送好友安葬的陵园是建在一片沙地上的，一块块石碑排成方阵，有来不及铺上石板的土地上长出一丛一簇的薤草。清晨草尖上顶的那一滴小小的露水，这个时候，早被太阳烘干了。

美文赏析

本文开头以挽歌为引，中间写到对于父亲带着我挖野蒜的回忆，最终落在了对早逝的朋友的忆念上面。结尾的“清晨草尖上顶的那一滴小小的露水，这个时候，早被太阳烘干了”，引人遐想。

崮乡的萋萋菜

刘明瑛

在崮乡，野菜随处可见。像什么苦菜、蚂蚱菜、山莴苣、野荞麦、萋萋菜等，品种繁多，和崮乡山野里的庄稼一样稠密。亘古以来，它们就跟崮乡大地相依相伴，不离不弃，“野火烧不尽，春风吹又生”。萋萋菜便是其中普通的一种。

萋萋菜学名小蓟，其茎细长挺拔，开紫红色花朵，叶子边缘生有小刺，故又称刺儿菜，还有青青草、蓟蓟草、刺狗牙、刺蓟、枪刀菜、小恶鸡婆、刀枪菜、刺萝卜、七七牙等别名。

崮乡人有句俗语：“地贫人耍赖，光长萋萋菜。”道出了萋萋菜的生命力之顽强。在崮边山间，在地壑沟沿，到处都有萋萋菜的身影。春雨过后，原野里、山坡上，萋萋菜们簇拥而出，远远望去，如一片片绿毯镶嵌在山野。春末夏初，它们会开出一种淡紫色的小花，如邻家女孩般清新雅致。花儿凋谢后会长出像蒲公英一样白色的小花絮，微风吹来，花絮上种子随风飞舞，四处飘荡，随遇而安，等待第二年春天再一次绽放生命的美丽。

萋萋菜是崮乡人的天然美食，富含蛋白质、脂肪、碳水化合物、膳食纤维、钙、磷、铁、胡萝卜素、生物碱、多种维生素等，食用价值很高。阳春三月，萋萋菜长到二三拃高时，崮乡的妇女和孩子便提上小篮，去田里挖些回来做菜。这时的萋萋菜叶子阔厚，鲜嫩肥大，茎叶均可食用，可以炖豆腐，蒸菜馍，做面汤，吃法多多。不过，我最爱的还是萋萋菜豆沫，母亲做的萋萋菜豆沫更是别有风味。

要做豆沫了。母亲挑些颗粒饱满的大豆，用水浸泡，豆子鼓胀起来，滤掉脱落的表皮，用笊篱捞出豆粒；然后开始磨豆糊：一边往石磨里加豆子，一边适时加些山泉水，雪白的豆糊便顺磨沿而下，汇集到石磨口的铁盆里。

把蒌蒌菜洗净，开水烫熟，每当这时，母亲总是说，开水烫后的蒌蒌菜切记不要放在凉水里浸泡，一定要等菜叶慢慢凉透了才好，若不，蒌蒌菜叶周边小刺会刺口的。母亲细细地挤干菜叶水分，切成碎末儿，倒进煮开了的豆糊内，撒盐，炖熟，一道汤鲜味美的豆沫就上桌了。

母亲还在忙碌着，炒一把花生米，烤几根红辣椒，加上盐巴一起捣碎，盛放到碗里，一道令人垂涎欲滴的辣椒作料便摆在眼前。吃两口豆沫，夹一口辣椒作料，甭提有多过瘾了，我常常吃的肚儿圆才罢。

蒌蒌菜也有很好的药用价值。《本草纲目》载，小蓟根苗“味甘、性温、无毒”，具有“主养精保血”“可退热补虚损”之功效。《食疗本草》也说：“小蓟根汁凉血止血作用较强。”还记得年少时候，我和父母一起下地劳动，不小心蹭破了手指，便会信手扯几片路边蒌蒌菜叶，用掌心揉搓，取其绿色的汁液，敷在破损部位，流血很快止住，伤口处也在几日后痊愈了。崮乡人到现在还保留着这样的习惯，在田地里干活，经常有被农具划破手脚的，不用去医务室，只随手采几片蒌蒌菜叶子揉搓敷到伤口便是，绝对不会发炎。

美文赏析

本文从繁多的野菜中引出蒌蒌菜，接下来从名称到生命力，又从食用价值再到药用价值，思路清晰而又叙述严密。美食中，最爱蒌蒌菜豆沫，母亲的做法更是别有风味，较多笔墨详细描绘，也做到了详略得当。

第五辑

爱吃胡萝卜的狼

不论何种境地，都不该放松那根信念之弦。如果你想成为一只可以高飞的鹰，就要时常扇动翅膀。如果你想成为一匹自由的狼，就要随时准备奔跑。

机遇只给那些随时做好准备的人。

窄额鲀与园丁鸟

水云媒

看电视纪录片《大太平洋》，从中看到一种奇诡的海底“怪圈”：2米直径的巢穴上分布着比例均匀的放射状条纹，上面用美丽的贝壳等海底饰物做了精心装饰，初看时不禁怀疑：这是否为第二次世界大战时的间谍遗物……解说员立即抛出一道智力题：它是什么？我相信，除了海洋生物学家，常人很难回答正确，因为这个图形过于神秘诡异。在我们的经验中，人的审美意识为这个世界所独有。茫茫大洋，寂寂海底，谁会这样“臭美”？

解说员揭开谜底：这种神秘怪圈竟是雄性窄额鲀“求爱”的产物——为雌性窄额鲀建造的“婚房”。它正是这种长满一身美丽斑点的海底“男子汉”，为了“娶妻生子”，花费数周时间搭建出的圆形巢穴。没有专门的建筑工具，它只能用胸鳍孜孜不倦地将海底的细沙收拢起来，然后将沙子推开又堆起，反复雕琢修饰，直到形成它想要的造型效果。

其实，潜水员在20世纪90年代已在日本的海底发现了这种图案，但海洋学家在20年后才破解了其中的秘密。图案的功能也同时被解读：放射状条纹是为了有效减少洋流的冲击，便于洋流将细沙冲到巢穴中心。科学家观摩了雄性窄额鲀整个的建设过程，发现要完成这种造型，它得不眠不休一气呵成——因为一旦停下来，未成形的建筑就会被水流或其他生物毁坏。在这期间，它还要清理垃圾，将水草等杂物推出巢穴。

窄额鲀多生长在南太平洋，去年我在波拉波拉岛曾下潜到海里，近距离地观察这种鱼类。无论雌雄，它们的身体上都长有大小不一的圆形斑点，衬托着清澈的海水，更显色彩斑斓。

现在才知道：原来雄性窄额鲀还是别具美感的艺术设计师。它们对巢穴从不草草建成了事，而是在海底遍寻各种贝壳进行装饰，使巢穴显得精致完美，温馨怡人。这一切，都是要送给“心上鱼”的——总有雌性窄额鲀接收到爱的信号，游到巢穴的中央，等待着雄性窄额鲀。

与人类或其他物种不同的是，雌性窄额鲀产卵后，就把“爱情的结晶”抛给“丈夫”，再也不会归来。而雄性窄额鲀则独自留在巢穴，竭尽全力驱赶侵略者，保护鱼卵；还要松动沙土，给鱼卵透气。当鱼卵孵化后，雄性窄额鲀又要建造新的巢穴，以备孕育新的一代。这样的辛苦，被海洋动物界学者称为造房养子劳苦一生的“家庭主夫”。只要活着，雄性窄额鲀这个海底世界的“西西弗斯”将倾尽一生推沙筑巢，但它们乐此不疲。

近日，凤凰网发出一组图片。那是澳大利亚的原始森林，一名徒步旅行的男子发现一种奇怪的“草屋”：看上去并不高，用细小的树枝和草混搭而成，草屋中间有几根粗大的树干做支撑。令男子惊奇的是，草屋门口有两堆鲜艳的果子——是用来储存的果实吗？为何不放在屋里呢？

草屋在寂静的森林中显露出生动之美。男子环顾四周，发现周围有不少这样的草屋，屋门口都堆放了紫的红的黑的各色果实……他终于发现了一个小屋里的一只鸟儿，这只鸟儿的羽毛是灰色的。

男子走出森林，咨询当地人，才知，这些草屋的主人原来是一种雄性的园丁鸟。每到鸟儿交配季节，雄性园丁鸟就会在野外筑建这样的草屋，并在门口放满果实。园丁鸟对“完美”的追求一点也不逊于雄性窄额鲀。它是唱着歌筑巢的，还用颜色不一的羽毛、花朵、果实种子以及树枝装饰小屋，于是那些小屋就呈现出或粗犷，或柔美，或清新的风格。它们简直就是天生的造型师。雄鸟在这美丽的“婚房”中迎接它的新娘，当它们在巢中“相爱”并繁衍了后代，雄性园丁鸟再转移阵地到别处筑巢。

繁殖，是动物世界中永恒的主题。但是，窄额鲀和园丁鸟却像人一样，在繁衍之前成为浪漫的创造者。由此，我开始怀疑：文明这东西，或许不仅限于人类。我们只谈人类文明，或许是因为我们缺少发现的双眼，或是因为被唯“人”独尊的惯性思维所“障目”。当我看到雄性窄额鲀与园丁鸟构建的爱的世界，我坚信：这样的爱，“哪怕遇见再大的风险再大的浪，也会有默契的目光”。

美文赏析

从窄额鲀与园丁鸟建造巢穴的目的和过程中不难发现，它们与人类一样，不但懂得建造“婚房”，而且还具有审美眼光。这一点令我们不得不叹服。文章语言平实，但是事件有趣，同样很有吸引力，说明选材很重要。

关于狼的记忆

张　和

七八岁时，我去远在北大荒的大哥家居住。那里人烟稀少，刚去，大哥大嫂就千叮咛万嘱咐：这里不同老家，晚上千万别出门，白天一个人也不能走远，这里狼多。

他们的话一点不假。刚到那里没多久，我就看见了真的狼。那天我坐在一辆装满羊草的马车上，远远地看见两只狼一前一后地行走着。两只狼始终相间几十米，而且还不紧不慢地走走停停。我心里害怕，双手情不自禁地握住了身边那把装草用的钢叉。

车老板樊大哥告诉我，那狼饿了，寻食呢。不过不用害怕，狼怕响声。樊大哥还说，那狼一前一后，不即不离，是它们为防侵袭而养成的一种自我保护习惯。说着，樊大哥便很优美地甩了几个响鞭。随着几声鞭响，两只狼果然转向走了。就是从那时起，我知道了狼很聪明，狼怕响亮的声音。

第二次见到狼是在北京动物园。由于那狼在笼子里关着，尽管它急得一刻不停地转来转去，也不会令人害怕。

第三次遇见狼，应该说是一次历险。

那是我成为军人的前一年，正在黑龙江省的一家芦苇场做修理工。过春节时，只留下我们几个人巡守场区。夜里巡查时，每人手里要握一把钢叉，防备野狼的袭击。那是冰天雪地的冬季，狼的食物奇缺，夜里走村入户，吃鸡吃鸭、叼猪啃羊，甚至人也被咬的事，时有发生。

那天夜里才 12 点多钟，我们一行六人正走在巡查线上。突然，不远处有几个荧绿色的光点在向我们这边移动。生长在东北的赵师傅年龄最大，他立即提醒：大家注意，那里有狼！

随着他的话音，我不禁毛骨悚然起来。那一刻，似乎已经不知道自己是身处何地，脑袋里简直成了一片空白。

还是赵师傅冷静，他指挥我们背对背围成一个圈，手持的钢叉齿头一律朝外。然后又让大家用随身携带的螺丝刀齐声敲击叉的钢齿。

那几个绿色的光点不动了，我们依然不停地敲打着。慢慢地，那几个恐怖的光点终于开始向着另外一个方向移动。赵师傅提醒，大家不要慌乱，你们在前，我断后，一律把钢叉扛在肩上，叉尖朝后、向下。回值班室！

大家安全地回到了值班室，关紧门。那一夜，大家谁也没敢再出屋门。但我们听见，没过多久，那些狼又回来了，似乎还多了一些，而且离值班室并不远。它们的号叫声持续了足足有一个钟头。

野外的狼，关在笼子里的狼，发着绿色荧光的狼，我也算领教过了。

说来，我真不是什么好汉，就因为有了这些关于狼的际遇，对狼的恐惧感竟一直持续了多年。直至后来成为军人了，夜里一个人站岗放哨时，曾经悄悄把子弹压进枪膛。

真的，那时我不怕敌人，却害怕狼。

美文赏析

文章记叙了作者遇狼的经历。狼之所以令人害怕，是因为狼具有攻击性，更可怕的是，狼是群体动物，十分聪明，有着很强的团队意识和配合能力。不过，虽然它们难以对付，却怕响声，所以作者才能安然脱险。虽然遇狼的经历已经过去很久，但那种恐惧却难以消失。

文章笔触平实，文字却很有张力。

不丑的小丑鱼

杨家懿

听说黄黄猫要养鱼，灰灰鼠和黑黑猴跑来问他：《小猫钓鱼》变成黄黄养鱼了？真的？

“好猫不说假话，”黄黄猫特别认真地说，“你们说，我养什么鱼最好？”

黑黑猴先说道：“黄黄，你养泥鳅鱼吧！一呢，这鱼有‘水中人参’之美誉，营养极其丰富；二呢，这鱼好养，在哪里都能够养活。”

“吱吱，”不等黄黄猫答话，灰灰鼠笑着说道，“我建议黄黄养小丑鱼！”

黑黑猴马上摇着头大笑：“小丑鱼？一听这名字就知道是很不好看的鱼，养不得！”

“吱吱，黑黑不要望文生义嘛！”灰灰鼠也笑道，“名字里有‘丑’未必就丑啊！小丑鱼不但不丑，还非常漂亮呢！”

黑黑猴马上追问：“那怎么叫小丑鱼呀？”

灰灰鼠回答：“因为小丑鱼的头上有一条或两条白色条纹，和京剧中的丑角相似，所以人们就给它们取了这个名字。”

“哦，”一直听着黑黑猴和灰灰鼠说话的黄黄猫终于说话了，“我记起来了，小丑鱼是一种热带海洋鱼类，还叫海葵鱼、双锯鱼，长得很好看的。可是，我们这里离海挺远啊！”

灰灰鼠指指黄黄猫的鱼缸，说：“现在快递便捷，我可以给黄黄快递海水的。我就觉得，小丑鱼有很多叫人刮目相看的地方……”

不等黄黄猫说话，黑黑猴就催着灰灰鼠说道：“灰灰是说小丑鱼很美丽吗？”

“不只是美丽，小丑鱼小巧玲珑，最大的体长也只有 11 厘米左右，幼年小丑鱼的鳞片是黑色的，上有蓝色点缀，很是美丽。成年小丑鱼的体色以鲜红色为主，眼睛后方有几条镶有黑边的白色条纹环绕到身上。”灰灰鼠说道：“小丑鱼还有个神奇的特征，可以改变性别……”

黄黄猫说道：“这很有趣，灰灰细说一下。”

灰灰鼠点点头：“小丑鱼是有‘组织’的，每个群落里都有一条占据家族主导地位的雌鱼，若是这条雌鱼没有了，她的配偶雄鱼就会在荷尔蒙发生一系列变化后，几星期内转变为雌鱼，并且完全具备雌鱼的生理机能，再逐渐改变外部特征。然后，新雌鱼会选择一条最强壮的雄鱼作为配偶，接着繁衍后代。”

黑黑猴很感兴趣地问：“灰灰，雄鱼变雌鱼，那雌鱼也能变雄鱼吧？”

灰灰鼠摇头：“小丑鱼的变性，只能从雄性变为雌性。另外，小丑鱼还具有很强的领域意识。一般是一对雌雄小丑鱼会占据一个海葵，不再允许其他同类进入。若是一个大型海葵，也只允许一些幼鱼进入。”

黄黄猫听出了小丑鱼需要特殊的生存条件，便问灰灰鼠：“小丑鱼不只是需要海水吧？”

“是啊，”灰灰鼠答道，“小丑鱼常栖息于珊瑚礁与岩礁之中，幼鱼常与海葵、海胆等共生。海葵的触手会分泌毒液，而小丑鱼体表拥有特殊黏液，能抵抗这种毒素而不受伤害。在海葵的保护下，小丑鱼能够免受其他大鱼的攻击，并且利用海葵的触手筑巢、产卵。”

黑黑猴笑道：“小丑鱼和海葵是好朋友啊！”

“小丑鱼不只是得到海葵的保护，”灰灰鼠说，“小丑鱼和海葵的关系很像牙签鸟和鳄鱼的关系，牙签鸟帮助鳄鱼清除了牙缝中的残留食物，也不必去找别的食物了。小丑鱼能够帮助海葵‘清理’食物残屑，而这些海葵吃剩的食物也是小丑鱼的食物来源。还有，小丑鱼能吸引别的鱼类靠近海葵，给海葵提供了捕食的机会。与此同时，小丑鱼还能帮助海葵清除身上坏死的组织和寄生虫。”

黄黄猫点点头："这种互利的关系就是生物学中的‘共生’啊。好了，我就养小丑鱼了。"

“好的，”灰灰鼠说，“我将海水和海葵一并快递过来。”

黑黑猴也说：“快递到了，我也过来帮忙。”

黄黄猫高兴地说：“谢谢灰灰和黑黑了！”

美文赏析

小丑鱼不丑，而且是很漂亮的一种鱼。这是一篇科普寓言，说明了小丑鱼不丑和与海葵“共生”的故事，既有知识点，也有哲理性。同时还有故事性和趣味性。

爱吃胡萝卜的狼

闫荣霞

在山的那边海的那边，生活着一群狼。莽莽的林海里面，狼王蹲踞在一块高高的石头上，正在发表演讲：

> “我们占据着食物链高高的顶端，我们的使命就是继承狼族的优良传统，誓为保护本土的正常食物链而斗争！我们要把自己锻炼成强者中的强者，我们吃肉的时候，别的动物只能吃素！”

“呜嗷嗷——”狼嚎声响彻大地。

头狼眼角的余光看见一只狼正伸手调戏一朵野花，于是雷鸣般的吼声再次响起：“阿莱，你干什么！”

被点到名的阿莱吓得一哆嗦，赶紧住手，端端正正坐好。阿莱这家伙体态魁梧，脸又黑又狠，一副包公样，见着它的狼没一个不害怕的，但是它却有一个不可启齿的秘密，那就是：它不爱吃肉，就喜欢吃素。

群狼在森林边缘的坡地上打埋伏，准备伏击野猪。狼群的视线下方是几块远离村庄的农田。

午夜，一阵熟悉的窸窣声传来，野猪群到了。领头的野猪发出讯号，一大家子立即四散开扑向田野。红薯秧子掘一地，红薯白薯四散乱滚，咬上两口，呸呸，汁水太少！用长嘴獠牙将胡萝卜拱出来，咬个尖尖，嗯，味儿还不错！啊，这儿还有一畦大白菜，我们的最爱！于是，一片蔬菜被嚼碎的“咯嗒咯嗒”的声响就响彻了这片农田的上空，听起来就鲜嫩多汁的声音诱得阿莱大吞口水。

头狼瞅准时机，一声令下，狼群飞扑而下，野猪尖叫着四处逃窜，狼群四处扑杀。阿莱也在一块胡萝卜田里扑住一只小野猪，这家伙看它露出锋利的獠牙，顿时两眼一翻，给吓晕了。

结果就是这样了：别的狼都在大啖鲜嫩的野猪肉，阿莱却在忙活着左爪子抱几块红薯，右爪子搂几根胡萝卜，还用后脚左踢一脚，右踢一脚，试图踢回去一棵大白菜。

头狼看得发晕：“你这是干什么？”

“啊，”阿莱喘着粗气回答：“带回去吃啊！”

头狼的脸黑得跟炭似的。

太阳升起来，群狼返回自己的窝。头狼和阿莱相对蹲坐，面前放一堆阿莱藏起来的私货：土豆、白菜、红薯、萝卜（包括红萝卜、白萝卜、青萝卜……天知道它怎么攒起这么多的）。

“阿莱，你怎么爱吃这些东西？”

“呜……”阿莱无法回答，反正从懂事起，好像就是爱吃菜的。

“好！”头狼下定决心，“你们大家从今以后给我好好监督它，必须让它改掉吃素的毛病。吃素的狼，传出去丢死人了！”

于是，阿莱辛苦储藏的素菜被扔了个一干二净，上一顿是鲜嫩的野猪肉，下一顿还是鲜嫩的野猪肉。

好想吃菜啊。

其间它偷跑过好几次，目标是上次逮野猪的那块农田，结果每一次都被堵了回来。终于有一次，阿莱突围成功，那片绿色的农田又在望了。“啊啊啊！”它激动得口水直流，一头就冲了进去。

突然，一枚针头嗖的一声钉上它的后背，它眼前发黑，一头栽倒在地。两个人走到它跟前，拾起被啃了半块的红薯后说：“嗯，不错，从没听说狼也吃素的，值得好好研究。”

阿莱不见了。

头狼一发现阿莱丢了，立马发动狼群去找。

好在地广人稀，交通不便，狼群追赶了大约 30 千米，就远远看见阿莱被锁在一个大铁笼子里。大铁笼子装在一辆农用三轮的后斗上，向着一百多千米外的县城飞奔。狼群迅速逼近，高亢的吼叫声吓得三轮车司机的腿肚子转筋，司机把自己反锁在驾驶室里，打死也不敢出去。那个偶然来此地科学考察的生物学家看到远远的一群狼掀起的烟尘，也吓得不知所措。

生物学家战战兢兢地打开铁笼子，阿莱一跃而出，然后呲着牙回头看了他一眼，眼中寒光尽现，生物学家没看出阿莱眼里的深意——我是吃素的，没胃口吃你，吓唬吓唬你啦。

午餐时间到了，群狼围着一只刚咬死的野狍子大吃。阿莱明显食而不知其味。

“怎么了？还想你那一堆菜？”头狼不知道什么时候踱了过来。

“……不想了。”

“哼。听着就勉强，”老大坐了下来接着说，“阿莱啊，知道你为什么一定要吃肉吗？因为你是狼啊，狼就是要吃肉的嘛。你去吃素了，难道要那些小白兔来吃肉吗？你知道人为什么要活捉你吗……”

一个个问号砸得阿莱晕头转向，忙不迭地承认错误：“老大，我错了，我以后一定改，您看我的实际行动吧！”接着叼起一大块野猪排，拼命大咬大嚼起来。

夕阳西下，阿莱孤独地坐在山坡上。“唉，一头狼坚持自己的理想怎么就这么难呢？”

改邪归正的阿莱一边大口大口地吃着野猪肉、獐肉、狍子肉，一边还在偷偷回想被装在笼子里往外运时，途经的好几块胡萝卜田的方位。

美文赏析

这是一篇妙趣横生却又意蕴深长的童话。爱吃胡萝卜的狼在狼群中肯定是一个异类，所以阿莱就不被同类理解。但是，这能够阻挡它想吃胡萝卜的决心吗？当然不能。这个童话隐喻的是人类，请宽容群体中习惯、喜好不同的人。

沧海一粟

舒　米

在冬日茫茫无边的呼伦贝尔雪原上，看到的动物，总是比人要多。

有时候是一群低头吃草的马，努力从厚厚的积雪中，寻找着干枯的草茎。它们的身影，从远远的公路上看过去，犹如天地间小小的蚂蚁，黑色的、沉默无声的，又带着一种知天命般的不迫与从容。有时候是一群奶牛，跟着它们时刻蹭过来想要吮吸奶汁的孩子，慢慢地踏雪而行，偶尔会扭头，看一眼路上驶过的陌生的车辆。但大多数时间里，它们都是自我的，不知晓在想些什么。

在一小片一小片散落定居的牧民阔大的庭院里，还会看到一些大狗。它们有壮硕的身体、尖利的牙齿，眼睛机警而且忠贞，会在你还未走近的时候，就用穿透整个雪原的浑厚苍凉的声音，告诉房内喝酒的主人，迎接远方来的客人。有时候它们会跑出庭院，伫立在可以看到人来的大路上，就像一个忧伤的诗人，站在可以看得见风景的窗口，那里是心灵以外的世界，除了自己，无人可以懂得。在这片冬日人烟稀少的雪原上，是这些毛发茂盛的大狗，用倔强孤傲的身影，点缀着银白冰冻的世界。不管它们发出狼一样苍茫的号叫，还是固执地一言不发，它们的存在本身，便是这片寂静雪原上，一个野性古老的符号。

也会看到娇小的狐狸出没，它们优雅地穿越被大雪覆盖的铁轨。它们是银白的雪原上，火红跃动的一颗心脏，生命在奔走间，如地上踏下的爪痕，看得到清晰的纹路。假若无人惊扰，这片雪原，便是它们静谧的家园，不管世界如何沧桑变幻，它们依然是世间最唯美的红狐。

远离小镇的嘎查里来的牧民，在汽车无法行驶的雪天里，会骑了骆驼来苏木置办年货。那些骆驼承载着重负，在雪地里慢慢前行的时候，总让人感觉时日长久，遥遥无期，钟表上的时刻，不过是机械的数字，单调而且乏味。只有声声悠远的驼铃，和骆驼脚下吱嘎吱嘎的雪声，以及牧人的歌唱，一点点撞击着这皓月长空。

麻雀在零下30多度的天气里，依然飞出巢穴，在牧民寂静的庭院里找寻吃食。冬日的雪地上，连硕大的牛粪都被掩盖起来，更不必说从未生长过的麦子和玉米；但麻雀们却可以寻到夏日里牧民打草归来时落下的草籽，或者晾晒奶干奶皮时，抖落的碎屑。也有奶牛和绵羊们吃剩的残羹冷炙，它们不挑不拣，雀跃在其间，自得其乐。很少会见到有牧民来轰赶它们，所以它们亦不惧人，在雪地上踩下一朵朵小花，并和炕上的男人们一样，在酒足饭饱之后，才陆续地飞离庭院，回归高高的鸟巢。

但最能在冬日的雪原上顶天立地的动物，还是与牧民的生活亲密无间的奶牛们。它们在白日里走出居所，在附近洒满阳光的河岸上，顺着牧民砸开的厚厚的冰洞，探下头去，汲取河中冰水。有时候它们会在小镇的公路上游走，小路上总是堆满了牛粪，在严寒里上了冻，犹如坚硬的石头。常有苍老的妇人挎着篮子，弯腰捡拾着这些不属于任何人家的牛粪，拿回家去，取暖烧炕。而奶牛们并不理睬这些被牧民们捡回去堆成小山的粪便，摇着尾巴，照例穿梭游走在雪原和小镇之间，要等到晚间乳房又饱胀着乳汁的时候，它们才慢慢踱回庭院里去，等待女人们亮起灯来，帮它们减掉身体的担负。

一个人行走在苍茫的雪原上的时候，看到这样静默而又自由奔放的生命，内心的孤单常常会瞬间消泯，似乎心灵有天地包容纳括着，便可以与这些生命一样独立而且放任，饱满而又丰盈，哪怕狂风暴雪，都不必再怕。

所有的生命，在天地间，不过是沧海一粟，人比之于这些雪原上风寒中傲立的生命，并不会高贵，或者优越丝毫。

美文赏析

作者通过描写呼伦贝尔草原上的许多动物，来表现呼伦贝尔草原生命静默、独立、勇敢，而又自由奔放的特质，表达了动物的生命和精神与人类平等的观点。文章结构完整，构思精巧，叙议结合，结尾画龙点睛，深化了文章的主旨。

羊 与 狼

王培静

近日，某晚报登出如下一条消息：我市动物园又添一景，野山羊和狼同处一笼。

当下正赶上十一长假，除了有出外旅游计划的，一家人出来逛逛动物园成了许多家庭的首选，特别对有孩子的家庭来说。晚报的那条消息更是起了推波助澜的作用，这几天动物园里人流如潮，野山羊和狼的笼子前更是天天挤得水泄不通。野山羊在笼子里走来走去，很兴奋的样子。它是刚从大秦岭逮住运进城来的，浑身充满了野性。黑色，毛很长，特别是头上的那一对羊角又粗又壮，很是威风。它心里想，这是什么地方，怎么这么多直立着走路的动物？

而那只像披着黄缎似的狼却躲在角落里，很害怕地缩成一团。它心里想，我像上一辈一样规规矩矩待在笼子里，供直立着走路的动物们观赏。有时他们用小棍捅我，我都忍了，真把我惹急了，我最多也只是露着牙小声号叫一下吓唬吓唬他们。有时给我带塑料包装的食品吃。到我这里，我们已经在这里生活了三代。不知什么原因，突然关进这么一个怪物来，它总是追着我跑，有时用凶狠的目光盯着我看好久，好像有心要吃了我。这两天晚上我没敢睡踏实，都是等它在我往常睡觉的地方睡着了，我才在离它很远的地方眯糊上一会儿。自从它来后，吃饭时我总是离它远远的，等它吃饱喝足了我才敢过去吃点喝点它剩的。

这天晚上，野山羊和狼进行了它们相见后的第一次对话：“你叫什么名字？”野山羊大咧咧地问。

狼颤声答道："我叫狼。"

"这里是你的家？"

"我们家在这里住了三代了。"

野山羊盯着狼的眼睛问："你害怕我？"

"大侠，你来这里，我热烈欢迎。今后吃住等等一切都是你说了算，只要你不吃我就行。"望着野山羊琢磨不透的目光，狼低下头怯怯地说。

野山羊笑了笑说："只要你看我的眼色行事，我暂时不会伤害你的。"

"大侠你放心，我绝不敢拿自己的生命开玩笑，对您我绝对会言听计从。"狼赔着笑脸表态说。

一段时间里，野山羊和狼处得相当不错。野山羊的目光里少了些敌意，狼像个随从跟在野山羊的屁股后边团团转。

后来当地新调来的某位领导做出指示：羊狼一起圈养有悖动物的生存规律，叫别的地方的人听了去，会拿这事当笑话讲。这事有损我们市的声誉，应尽快拿出解决的方案。

后来野山羊被放归了森林。

有一天，野山羊遇到一只狼，他见这只狼恶狠狠地盯着自己，心里愤愤不平地想，你敢用这样的目光看我，太不把我放眼里了。

最后狼把野山羊吃了。临死前野山羊还想不明白，这世界怎么了？

美文赏析

动物园里，圈养的狼和野山羊关在一起，狼没了野性，山羊占尽了上风，当野山羊被放归山林时，它和野狼挑衅被吃掉了。人有自己的生活规律，动物也是，有些动物，它们的家原本就在大自然。

沙蟒吞蛋

金　燕

你也许没见到过一条手腕粗的沙漠蟒蛇（我们当地人称之为沙蟒）怎样吞吃鸡蛋，在一位朋友的院子里，我碰巧亲眼看到了一条沙蟒吞吃鸡蛋的有趣场景。至今回想起来，仍历历在目。

今年盛夏七月的一天，我应邀到沙漠边缘的一位农工朋友家去做客。到了的时候，已接近正午时分。站在院子里，一抬眼就能看到远处一望无垠、连绵起伏的沙丘和沙梁。

朋友有急事要外出办事，嘱我耐心等他回来，说完驾着一辆摩托轻骑，风风火火地走了。我从包里拿出随身携带的一本书，便来到了屋前的老榆树下，躺在躺椅上，一边漫不经心地看书，一边享受着惬意的荫凉。

我环顾了一下院子，这才注意到，在院子南头有一个搭建简易的草棚，下面是一溜儿鸡窝，鸡窝里铺着厚实而柔软的麦草，是专门为母鸡们产蛋而修建的“产房”，在鸡窝右边则有一堆杂乱无章的胡杨和梭梭柴。

书页上的铅字渐渐模糊起来，困意一阵阵向我袭来。

不知过了多长时间，一阵母鸡“咯咯”的叫声把我从睡梦中拉回了现实。我睁眼一看，那只羽色漂亮的芦花母鸡从鸡窝里一脸惶恐地飞逃出来，仿佛是受了某种可怕东西的惊扰。突然之间，我看见一条绳状的蛇身在柴堆里急速一闪，便消失得无影无踪。我顿时心里明白了，凑到鸡窝里一看，那只芦花母鸡刚才趴窝待过的鸡窝里，留下了一摊颜色发黄的蛋黄汁儿。

下午，朋友回来，我把正午在院子里的所见所闻告诉了他。朋友拍着脑袋说：“怪不得，这几天下的蛋总是见不着，原来是这个偷蛋贼干的坏事。我还以为是谁家的坏小子干的，我错怪他们了。”

第二天中午吃过午饭，朋友出去了一会儿，回来后在我的面前把手掌一摊，掌心里安静地躺着一个鸡蛋般大小的石头蛋。他舀了水和了一些面粉，把这个石头蛋涂抹均匀，放在太阳下晒干，接着用鸡蛋黄打成的稀汁儿仔细地在石头蛋上抹上一遍，就悄悄地放在了鸡窝里。

已是正午，院子里一如昨天一样寂静。一股浓浓的蛋腥味在空气中飘荡。几只身材臃肿的花母鸡“咕咕”地低声叫着，步履蹒跚地向鸡窝的方向走去。进到鸡窝里，母鸡们个个都像在“练气功”，脸颊憋得通红，身子半蹲微微向前倾，身上的羽毛蓬松。忽然间，它们的眼睛一下子睁开，一只只湿漉漉的蛋在它们的脚下骨碌碌滚动。

下完蛋的母鸡们又聚到一起到粪堆里刨食去了。这时，朋友霍地站起身，不失时机地来到鸡窝前，把母鸡们刚下的蛋一一收走，只留下了那个散发着浓浓蛋腥味的石头蛋。

这时，从杂乱的柴堆里伸出了一个浑圆的蛇头，两只黑豆似的眼睛闪闪发光，蛇信子一吐一吐的，慢慢地爬出柴堆，悄无声息地向着鸡窝的方向爬去。进了鸡窝，蛇就一眼看到了那只“蛋”，径直爬了过去。蛇用自己的身子把“蛋”一点一点缠住，然后张开大嘴，开始吞吃“蛋”。接连吞吃了两三次，才把这只“蛋”吞了下去。立刻，蛇身中间就隆起了一个鼓鼓的包。

蛇吞下“蛋”以后，身子显得有点笨。休息了一会儿，就开始用身子把肚子里的“蛋”使劲勒。蛇又使劲勒了两三次，没有成功，却疼得赶紧把缠绕的身子松开了。蛇勒不破鸡蛋皮，开始着了慌，拖着大肚子爬出了鸡窝，找到了场地上一处比较硬的地方，弓起身子开始摔打起肚子里的“蛋”来。摔打了半天，也没有摔碎肚子里的这个“蛋”，痛得它直打滚儿。过了一会儿，蛇终于痛得不再动了，尾巴不停地抖动着。

这时候，我俩从树身后出来，向着蛇的方向走去。蛇尾巴已经停止了抖动，蛇完全咽了气。朋友提着死去的蛇说：“你不知道，这条蛇是个懒家伙，不逮老鼠吃，却跑到我家院子里偷鸡蛋吃，不除掉它，它还会一直偷下去，祸害我们。”顿了顿，朋友又说：“我下地干活儿，会经常碰到许多沙蟒，在沙漠里逮老鼠吃，这样的沙蟒对我们人类和生态环境有益。我和连队上的人碰到这样吃老鼠的沙蟒，都会绕开它们，从来都不会伤害它们。”

美文赏析

本文语言生动形象，故事特别有趣。人有懒人和勤快人之分，想不到蟒蛇居然也有。文中这条蟒蛇就很懒，不逮老鼠，却偷鸡蛋，这下好了，偷鸡不成蚀把米，葬送了性命。这个故事告诉我们：有益于他人，才有益于自己。不劳而获，终将付出更多。寓理于事，让人深思。

会利用工具的猪齿鱼

玩月轩

在澳大利亚的大堡礁，有一种高智商的鱼，因为它的牙齿外露，人们称它猪齿鱼。它是迄今为止发现的唯一会利用工具的鱼类。

在蓝色的海洋里，猪齿鱼随性而游，上下 4 枚犬齿非常醒目，而这牙齿也正是它的工具之一。它们是一种集美貌与智慧于一身的鱼类。

猪齿鱼是肉食性鱼种，以小型底栖无脊椎动物为食物，平时经常栖息于礁沙混合区域，夜晚像人类一样休息。

猪齿鱼让我们人类叹为观止的是，它居然聪明到会利用工具。在清澈的水底世界，一只色彩斑斓的猪齿鱼正在悠闲地游动着，准确地说，它是在寻找自己的美味佳肴呢。在水底的一堆碎珊瑚和沙子中，它发现了自己要寻找的目标，一只埋在沙子中的蛤蜊。只见猪齿鱼微微侧了下身子，对准蛤蜊猛然舞动着自己的鳃盖和鱼鳍，一股水流便冲开了碎石沙，一只蛤蜊完完全全地暴露在它眼前。旋即，它用自己更加厉害的牙齿，将这只蛤蜊叼到自己的巢穴中。这些动作，在这顿美餐中，只是完成了一半工序。

下一道工序，也是非常艰难的一道工序，就是对蛤蜊进行深加工，简单说就是开壳取肉。蛤蜊的外壳坚硬无比，如何将这些硬壳敲碎呢？我们人类有手，可以用手拿锤子去砸，可是猪齿鱼是怎么做到的呢？它用牙齿叼着蛤蜊，游到一处珊瑚中最硬的地方，用力将蛤蜊扔过去。一次没有成功，再来一次；两次没有成功，再来第三次。这样叼起来，扔过去，反反复复，经过数次的撞击，蛤蜊壳终于让猪齿鱼摔开打破，那鲜美的蛤蜊肉立刻映入眼帘，猪齿鱼全然忘记了刚才的辛苦和劳累，叼起这块鲜肉津津有味地吃起来。

在这顿美味大餐的“炮制”过程中，猪齿鱼的犬齿和鱼鳃、鱼鳍起到了决定性作用，它们“手”口并用，最终将这顿看起来完全不可能的美味制作过程变为可能，而且完成得相当出色，呈现给我们一个聪明绝顶的鱼类大厨形象。

原来，在这神秘而深邃的海洋世界，有这般充满智慧的鱼类生存，因此，有人说猪齿鱼是鱼类中的“爱因斯坦”。善于用智慧去生存而不蛮干，猪齿鱼是这方面的行家。

美文赏析

本文描写了海底高智商的猪齿鱼如何运用工具猎杀食物的过程。可以说，它是聪明绝顶的鱼类“大厨”，捕鱼届的“爱因斯坦”。文章记叙生动而有趣，让我们在获得知识的同时，也能由鱼及人，获得人生的感悟：不蛮干，讲策略，善于运用智慧，才能立于不败之地。

一匹狼的自由

朱成玉

一只狼被猎人打伤了，猎人并没有杀掉它，而是给它敷了药，让它慢慢好起来。然后把它和另一只狼（还是叫它狗吧，因为它已经被完全驯化了）养在同一个围栏里。

猎人想把这只狼也驯化成一只豢养的狗，替他看门护院。

狼，每天用它那特有的韵律和节奏，轻快地向前跑着，没跑几步，便撞到了铁丝网上，它就接着往回跑，这一面也有铁丝网拦着。那只“狗”就嘲笑它：“愚蠢的狼啊，你省省力气吧，这四面都是铁丝网，任凭你再有力气，也没办法跑出去。像我这样多好，趴在地上，啃着骨头，晒晒太阳，多舒服。”

狼并没有说什么，继续跑着。它偶尔会吃一些猎人扔给它的肉，但每次它都不会将食物全部吃光，而是吃了七分饱就不吃了，剩下的肉，它会找一个私密的角落，埋起来。当猎人不在家，不能按时抛给它肉吃的时候，它可以保证有吃的。

“狗”却是有一顿吃一顿，吃了上顿不管下顿。有时候撑得眼冒金星，有时候饿得饥肠辘辘。自然，在狼的面前，它如同一只温顺的绵羊，软绵绵地看不出一点野性来。

“那又怎么样？你还不是照样跑不出去？”不管何种境地，“狗”还是不忘揶揄着这个同伴。

狼并不理会“狗”的嘲笑，依然每天坚持着自己的习惯，保持那特有的韵律和节奏，来回地跑着。

狼说：“我在锻炼我的身体，为了有一天，自由来的时候，能奔跑得更快。”

“狗”却说，自由，要它做什么？现在这样，不是照样每天都有肉吃吗？

终于有一天，猎人因为喝多了酒，给他们喂完东西后，忘记了锁上围栏的门。这千载难逢的机会被狼逮个正着。它一个箭步冲过去，撞开那扇门，飞奔而去。

猎人只感觉一道闪电从眼前划过。他取出猎枪，瞄向狼远去的方向。他根本没有想到，狼会跑得那样快，甚至比受伤前跑得更快，就连他枪膛里的子弹怕是都追不上。

另一只已变成“狗”的狼正昏昏欲睡，对眼前发生的一切浑然不觉。猎人索性扔掉了那把锁。

不论何种境地，都不该放松那根信念之弦。如果你想成为一只可以高飞的鹰，就要时常扇动翅膀。如果你想成为一匹自由的狼，就要随时准备奔跑。

机遇只给那些随时做好准备的人。

美文赏析

两匹狼处于相同境地，却有着截然相反的举动，也得到了不同的结局。这个故事告诉我们，要随时做好准备，抓住属于自己的机会。本文以狼的故事来讲述人生哲理，语言朴素，引人深思。

海参的舍与得

朱永波

海参是海洋中一种非常古老的生物，至今已经在地球上生活了6亿年，更是见证过恐龙的兴盛和灭绝，所以海参有海洋活化石之称。

但是，海参看起来却并不强大，甚至有些柔弱。它们体长只有二三十厘米，生来就没有眼睛，只能缓慢地蠕动。虽然全身长着肉刺，却并不是什么锐利的武器。那么，看似柔弱的海参又是如何在亿万年的生存竞争中存活下来的呢?

研究发现，海参身上确实有很多与众不同的特点，清心寡欲便是其中的一点。海参主要以海底藻类和浮游生物为食，为了填饱肚子，海参每天要吞吐大量泥沙，一只海参每年吞吐泥沙量30多升。这样做它们虽然辛苦，却也与世无争。

除了清心寡欲，与世无争外，海参还有一个神奇的本领，那就是强大的自我修复能力。对于一般动物来说，受伤意味着残疾或者死亡，但是海参只要不被天敌吃掉，即使被咬成半截，逃脱掉的那一半也会在数月内自我修复，重新长成一个完整的海参。

其实，以上只是海参特征的一部分，海参最神奇的特征是它在遭遇危险的时候，懂得舍得。有纪录片就曾记录了一段海参在遭遇捕食者捕食时的反应。在一片深邃的海底，一只海参正在海床上慢悠悠地进食，突然一条大鱼冲了过来，眼看就要吃掉海参。海参可能是感觉到了危险，一边逃命，一边迅速从肛门排出一段类似大肠般的东西。大鱼被这突如其来的现象吓了一跳，稍作迟疑后便开始吞食这段被海参排出体外的美味。就在大鱼吞食的时候，海参已经趁机逃到附近的石缝，转危为安了。

海参排出体外的并不是什么多余的东西，而是它的内脏。内脏对于动物来说，是身体当中最宝贵的东西之一，绝大多数动物失去内脏是无法存活的的，而海参的神奇就在于它失去了内脏只是身体受损，但是不至于死亡，而且经过几个星期后，又会长出新的内脏。海参为什么在遭遇危险时赠予敌人内脏，答案也很明显，这必然是在长期的进化过程中形成的一种特殊本领，它们以“舍”来换“得”，舍去的是内脏，得到的却是生存和发展的机会。

海参像是一位生活在海底的隐士，过着清心寡欲，与世无争的慢节奏生活，即便遭遇伤害，也能自我疗伤，坚强地活着。而在面对生死存亡的重大选择时，更能懂得“舍”与“得”的处世哲学，从而轻松应对。一个结构简单的生物，能存活亿万年，这些恐怕就是其中的原因吧！

美文赏析

作者使用拟人化的语言，描绘了海参吃泥沙活命、排内脏保命的本领，指出海参是海底的隐士，清心寡欲，与世无争，屡遭变故仍能有所取舍，坚强地活着。海参靠着这种本领，存活了亿万年。如果人在成长过程中也懂得取舍有度，那必定也能获得更多生存和发展的机会。

跨界合作的郊狼

肖　艳

郊狼是狼的一支，属于灰狼的近亲，也是狼族中很智慧的一种狼。

森林里春天的气息渐浓，经过一个寒冷冬天的冬眠，动物们渐次走出洞穴觅食。深藏在洞穴里的鼠类是郊狼的食物，同样也被美洲獾惦记。绿草的芳香吸引土拨鼠从小洞口探出滴溜溜地转的小眼睛，窥视四周的环境。它并未发现任何捕猎动物，小爪子挠了挠脑袋，一阵简单的梳洗之后，土拨鼠开始寻找足以果腹的食物。树上的小浆果未到成熟时，采摘回洞穴储存，以备雨季来临。

郊狼的利爪有着厚厚的肉底，踏在潮湿的土壤上，安静得听不到一丝声音。土拨鼠的肉味飘在空气里诱惑着郊狼。此时，郊狼冲上前去便可抓住土拨鼠，只见它却扭过头去，向另一个方向小跑过去。

森林的不远处是美洲獾的巢穴，几只獾正在灌木丛间穿梭，准备出外觅食。眼尖的一只大个儿獾瞥见丛林中的郊狼朝着它们眯着眼，站在那里盘桓了一小会儿，便转过头一路加速离去。大个儿獾接收到郊狼发来的讯息，迅速跟了上去。余后的几只也机灵地跟了上来。

浆果挂满了枝头，一只土拨鼠搬不动，余下在洞里的土拨鼠也窜出来采摘。它们没有意识到一场潜藏的捕杀悄然袭来。凶猛的郊狼从树枝后冲了过来，土拨鼠十分敏捷，转瞬丢下浆果，躲进了安全的洞穴里。一窝土拨鼠迅速堵住洞口，任凭郊狼的爪子如何锋利，也伤不到它们分毫。正当土拨鼠得意不已时，一股强大的力道将洞口撕开！土拨鼠们顿时慌了心神。美洲獾强壮的前腿、蹼状的趾和弯曲的前爪十分适合挖土，尤其是它的两个巨大的前脚爪，宛如两把锋利的铲子。一道光束射进了洞里，泥土落了进来，土拨鼠们四处逃窜。郊狼则守在另一个出口，堵住狡猾的土拨鼠另一条出路，土拨鼠无处可逃。几只美洲獾左右扑闪，成了瓮中之鳖的土拨鼠被一网打尽。此时，郊狼趋步前来，一起分享一窝美美的鲜肉。

一个驱赶，一个围堵；一个盆满钵满，一个坐享其成。经研究人员观察发现，郊狼和美洲獾之间甚至存在舔舐对方鼻子的亲密行为，真可谓“哥俩好，才能吃得饱”。

大自然优胜劣汰，动物们使尽浑身解数求得生存与繁衍，大多数不是依靠种群的力量，便是依赖独自生存的能力，而郊狼则是少数几个懂得跨物种合作的动物。

合作无处不在。即便是在自然界中，人们也不难发现合作的身影。其实在我们的生活中，不也是处处需要合作吗？一个人可以走得很快，一群人一起才可以走得更远。前面的路或许布满荆棘，你走过去需要的不仅是个人的智慧，还需要众人的帮助。

美文赏析

狡猾灵活的土拨鼠，最终被郊狼和美洲獾前后夹击，一网打尽。不得不说，动物界的跨界合作，让人感叹不已。动物之间尚能够合作得天衣无缝，我们人类会合作得更好。作者通过这个故事，有力地证明了适者生存、合作共赢的道理。事例生动，道理水到渠成。

第六辑

过冬的树

无论白天黑夜，俯视空旷、板结的土地，仰望蓝天与白云，静心坚守自己的家园，侧耳倾听风雨声。

过冬的树，在冬季休养生息，为五彩纷呈的春季积蓄青春勃发的信心和勇气。

那 些 树

星星河

那些树，只是生长在故乡土地上最常见最普通的树。

它们有着最一般的面孔和最平凡的出身。它们对生存的土地不挑剔、不苛刻、不抱怨、不诅咒。它们因陋就简、随遇而安、心怀感恩、淡定达观。春风夏雨秋阳冬雪，在数不清的稠密的日子里，它们生长、抽芽、开花、结果，或者褪尽叶子承受酷寒或者饱受断折之苦，却总是把日子过得有声有色，让自己屹立成一道道鲜活的风景。

我的老家东侧是一条深沟，虽非壁立千仞，但陡峭处也状如刀削。小时候，大人是断然不许我站在陡崖处向下看的。但好奇心是任何话语的笼子或者栅栏都关不住的。有一次，我一个人站在陡崖边牢牢抓住一棵小槐树，心咚咚跳着往下瞧。一片片椭圆形密密麻麻挤挤挨挨的小绿叶交织成一大团绿云，飘在崖边，根本看不到沟底。那一刻，我不但没有产生眩晕的恐惧，反而生发出一种想躺到“云”上的感觉。我知道这是刺槐树，我惊讶地想，这些树可真高啊，从沟底快要长到沟顶上来了，再过些年就能碰到天上的太阳了。这之后，又过了好几个月，父亲爬到沟的半坡砍柴，我死活跟了去。抬起头，才发现这些落光了叶子的刺槐树并非从沟底长起，而是盘根错节地生在陡峭的崖壁上。

其中，最大的一棵光秃秃的树冠四散开去有一间屋大，即使在寒气逼人的冬天里依然能感受到它众多枝条里，掩藏不住的生命张力和随时爆出新芽的热切期待。它的树干不过房檩粗细，肤色苍黑，布满沟壑，饱经风霜，却给人一种傲然不屈、顽强向上的感召和力量。它的根像耄耋老人手面上暴跳的青筋一根根裸露在岩石上，又像铁锚似的紧紧地扣进岩石，牢牢不放。是的，所有的根，像是一张疏而不漏的大网，又像是坚韧博大的胸怀，紧紧抱住了硕大混乱的石块和稀薄的黄土。它们紧紧拥抱在一起，拥抱成一种令人叹服的奇绝，一种生命不屈的象征。或许正是这种拥抱，让这棵槐的根和命运与陡崖亲密无间地连在一起。槐给崖以温暖，崖予槐以力量。在贫瘠寒微之地，这棵槐洒脱地活着，在春夏的风雨里活成一片美丽的云，在秋日的阳光里活成一曲金色的音乐，在冬日的朔风里活成一身不屈的铁骨……

白杨，这种茅盾先生高歌礼赞过的树，在我的家乡遍地都是，房前屋后、山脚地头、河边堤岸、大路两边，甚至那些不种庄稼的地块统统都是它们高大挺拔的身影。它们从未计较什么，它们活着仿佛只有一个目标，就是一个劲地向上生长，向高处看齐。它们把生命所有的力量和激情都凝聚在这个“齐天”的宏伟蓝图上，所以心无旁骛地向着太阳抒情，向着星空诉说梦想。

多年前，从小镇到我的老家，有一条黄沙铺地的土路，这是我最喜欢走，也走过无数次的乡间小路。小路两侧便是高大的白杨，房梁般粗细，高耸入云，枝繁叶茂。两侧大树枝枝覆盖，叶叶交通，在半空形成天然的绿色帐幕。夏日，从镇上初中放学回家，即使赤日炎炎，这条小路也会凉风习习，舒适怡然。每次漫步小路，我总是慢下脚步，抚摩着这些参天大树，仰头望着高远的枝叶，内心满是仰慕与感激。我仰慕它们目标高远，心怀蓝天。我仰慕它们笔直向上，没有半点旁逸斜出的杂念。我感激它们用生命的绿色为赶路的人们撑起遮阳的大伞，让满身风尘的人们心凉如水。而秋日，落木萧萧的时刻，它们的落叶、掉落的枯枝又为曾经缺柴少煤的农家岁月增添了多少温暖的气息啊！这些白杨，在人们的牵挂之外，默然地对抗着雨雪风霜，勇敢地坚持着自己成长的方向，然后又默默奉献着一切，却从不喊怨叫苦，也不居功自傲、盛气凌人。

我还想说的是一棵柏树。它是无意中走进我的视野和内心的。它只有大人胳膊粗细，瘦骨伶仃地长在一个山间的陡崖上。它的不同之处就在于树干曾被滚落的巨石拦腰砸断，断折处仅有树皮相连。然而，它却没有在痛苦中死去，它将生命的能量通过仅存的树皮源源不断地输送给几乎断掉的枝干。我无法想象在多少个山风怒号的夜晚，它像受伤的小兽默默地舔舐着伤口，又安慰自己要振作要坚强的模样。我无法想象每一滴雨水跌落到伤口的瞬间，是不是像人的伤口被撒上盐一样，让它疼痛难忍。我无法想象它是用了多大的毅力，才艰难地拉住那断掉的一半，没让它跌进深谷。它活下来了，活得不离不弃，活得枝叶青青，活出了可以说几乎是两倍的生命！是的，它很瘦弱，但瘦弱的身躯里却是一种不屈不挠、催人奋进的震撼力量。我记得，我在这棵柏树前深思了良久，在它面前我看到了那些在深重的灾难中勇于奋起，在巨大的苦痛中努力自强的人们，他们不正是这棵柏树的化身吗?

那些生长在我身边的槐树、杨树、柏树们，就像我身边的很多人，普通平凡，憨厚质朴，吃苦奉献，带给人的总是一种源源不断的向上力量。

美文赏析

文中塑造了作者眼中最常见的槐树、杨树、柏树，从它们的生存环境、在大自然的遭际等，展现了它们因陋就简、随遇而安、心怀感恩、淡定达观、不屈不挠的品格，赞颂了它们是平凡中彰显着伟大的树木，进而联想到身边那些憨厚质朴、吃苦奉献，带给社会正能量的人，升华和深化了主题。

过冬的树

厉彦林

北方的冬天，是肃杀、萧条的，又是清醒、顽强的，更孕育着春天和希望。

冬天来临，无论城市还是乡村的柳树、杨树、槐树、法桐树、银杏树等树木的叶子，被阵阵朔风纷纷扬扬地吹落。那树叶分明像飞舞的五彩蝴蝶，争先恐后地在大地上栖息。冬季的树木，脱掉所有叶片，守护生命，停止生长；像一排排健美运动员，自信地站在街口、公园、景区和田间地头，裸露着结实的肌肉。

天，更高远；视野，更开阔；空气，更清新；树，更精神。

冬天的田野空旷，没有任何负担和累赘，也没了繁花似锦的丰腴和臃肿……空旷让人视野更加开阔，纤瘦让人凝眸深思，单调让人更加洒脱……

冬天，草儿匍匐在地，野兔逃得无影无踪，唯有树还原地站立着。田野里、沟壑边、大道旁，树的影子随处可见。寒风来了，它摇摇头，晃晃身子，让没有定性的风从身旁悄然跑过；雪来了，它微笑着和雪花拥抱，然后抖一抖身体，看着它们从身旁缓缓滑落或者消失。

冬天里执着站立的树，那是旷野里最美的风景。

冬季的树展示不同的形象和风采，树干和树枝形态各异，或直或曲，或粗或细，或侧或卧，或仰或俯，或盼或思，或醉或舞……有的直立伸展，庄重威严；有的自然弯曲，温柔婉约；有的侧身凝视，透几分惊愕神秘。冬季的树彻底卸下荣华富贵的外装，风中雪后更为生动、更有韵味。

立冬、小雪、大雪、冬至、小寒、大寒……

一九、二九、三九、四九、五九……寒风越来越急，寒雪越来越大。

只有树木真爱着脚下的大地，不挪，不动，走不了，也不愿走。树把根深扎大地，它坚信脚下这片属于自己的泥土，给自己挺直脊梁的信心和力量。梦想在大地中孕育，在静默中生长。

大地的养分沿着树的经络往上传递，从树根到树干，从树干到树枝，一直到空中的每一个细小的树枝、树梢。树深感脚下大地的踏实与牢靠，依然挺直腰杆。冬日的寒风有些嚣张，甚至肆无忌惮。一阵阵寒风从树间刮过，树不甘屈服，只是轻轻摇晃一下身体，宁折不弯地站立，柔韧的树枝被摇来摆去，任阳光和云雾在枝条间跳跃与律动……

那是一棵北方的银杏树，直立于天地之间，孤独地站立在山冈上，于凛冽的寒风中，紧握着北风的手，站立着。两只不怕冷的喜鹊飞来，在树枝与树枝之间飞来飞去，丈量树与树的距离，感受树枝与树枝的亲密。它们的叫声使这片空旷生动起来。不一会儿，它们一前一后飞离远去，只留下飘缈的身影。

一棵树如此，另一棵树也是如此，各种树木集结、混生在一起，无论什么品种和名字，都是同一血脉，遥遥相望，互相鼓励着、安慰着，坚信寒流过去，春风会来，相信枝会更壮，干会更粗，叶会更密。因而耐心等待，静心坚持，期待生命的勃发，静候春天的消息。

无论白天黑夜，俯视空旷、板结的土地，仰望蓝天与白云，静心坚守自己的家园，侧耳倾听风雨声。

过冬的树，在冬季休养生息，为五彩纷呈的春季积蓄青春勃发的信心和勇气。

美文赏析

本文不仅语言形象优美，而且讴歌了冬天的树木与大地同甘共苦、生死相依的人生态度。文章把树拟人化，通过饱满激情的语言讴歌了树在寒冬里的团结、坚强和希望。

人类是榆树的小孩

默　默

小时候，家家户户房前屋后种榆树。

榆树初春叶尚未生，枝丫转青，簇簇生的有生嫩碧鲜的榆钱。攀下一枝来，一攒一簇的绿花儿，一捋一把，又一捋又一把。身手矫健的人，能爬上树去一把一把捋着往嘴里送，满口清甜。我爬不上去，就举个长长的竹竿，竿头绑铁钩，钩住一枝开满榆钱的树枝转着圈儿地拧，枝子太硬，拧不动，我就自己转圈儿，把枝子拧下来，坐地上捋榆钱。

捋下来的榆钱扔进菜篮，端回家洗净。想想，剖出一小半另放起来，余下的多一半，抓两把金黄黄的玉米面儿，抓一把白面，蒙到榆钱上，浇多半勺的细盐，拌匀后的颜色鲜绿金黄；锅里的水已经烧开，拌好的榆钱儿放进锅篦，盖上盖。不过几分钟，热气升腾，揭开锅盖，绿意盈人。盛进缠枝花纹的瓷盘，看起来是一盘体体面面的蒸“苦累”了。

但是还没完，剥一头鲜蒜，搁蒜钵里捣烂，盛进小碗，再滴点香油，倒半碗陈醋。一筷子“苦累”，蘸一点醋蒜，嫌麻烦，干脆直接把味汁倒进盘，拌匀。吃一口，咳！鲜得呛人。

又可以炸榆钱丸子，与炸槐花丸子异曲同工。锅里还有昨天晚上蒸的一碗米饭，余的那小半篮榆钱，是要炒榆钱饭的。坐锅，放底油，花椒大料、葱姜蒜炝锅，倒入榆钱翻炒。愈是着热油，它的颜色愈鲜亮。磕两个鸡蛋，少半勺细盐——摸准了榆钱的脾气，这东西不吃盐，稍放一点儿就有味儿；拌匀，放入米饭翻炒，结块的米饭用饭勺的球面拍散，米粒、榆钱儿、鸡蛋星儿混做一堆儿。满满一盘，尝一口，鲜的来，舌头都要往下咽。

小时候就学刘绍棠的《榆钱饭》，光看一个“吃”字了：

“杨芽儿摘嫩了，浸到开水锅里烫一烫又化成一锅黄汤绿水，吃不到嘴里；摘老了，又苦又涩，入口难以下咽。只有不老不嫩的筋劲儿，摘下一大篮子，清水洗净，开水锅里烫个翻身儿，笊篱捞上来挤干了水，拌上虾皮和生酱，玉米面羼合榆皮面擀薄皮儿，包大馅儿团子吃，省不了多少粮食。柳叶不能做馅儿，采下来也是洗净开水捞，拌上生酱小葱当菜吃，却又更费饽饽。”“九成榆钱儿搅和一成玉米面，上屉锅里蒸，水一开花就算熟，只填一灶柴火就够火候儿。然后，盛进碗里，把切碎的碧绿白嫩的春葱，泡上隔年的老腌汤，拌在榆钱饭里；吃着很顺口，也能哄饱肚皮。”

春天来了。春天终于来了。花儿处处都开了，叶儿东一片西一片往外钻。人心也开了花儿，长了叶儿，痒痒的，想开更多的花，长更多的叶儿，生发更多的好精神。于是我们看花、喝酒、踏青，踏青回来吃榆钱饭。

等到榆钱黄了，薄了，变得半透明，风一吹纷纷扬扬地落下，一地落花。这个时候，小小嫩嫩的榆叶就钻出来了。小时候，我娘就捋了嫩榆叶搅和上玉米面，放一点薄盐，蒸榆叶菜饼子，比死面饼子好吃，就着玉米粥和小咸菜儿，也是一顿合口的饭。

榆木难解难伐，做出来的家具耐用得了不起；人的脑袋不开窍，于是也干脆以“榆木疙瘩”谓之。这么一种榆木疙瘩，它却是开的花儿能吃，茁的叶儿能吃，它的皮也能吃——可以把榆皮磨成面，做成饸饹。榆木疙瘩脑袋长着一颗温柔心，就像看起来很凶很凶的中华田园犬，会卧低了身子，保护小孩子。

人类，就是它要保护、要供给的小孩子。

美文赏析

文章以榆树为核心，写榆钱、榆叶甚至是榆皮，都是可以吃的。出人意料的是，文章结尾把榆树比起中华田园犬，把人类比成需要它来保护和供给的小孩子，一下子就把榆树的品格上升到令人仰望的高度，把榆树的温柔的特质表达得淋漓尽致。

臭 椿 树

瘦尽灯花

白居易有诗："香檀文桂苦雕镌，生理何曾得自全。知我无材老樗否，一枝不损尽天年。"

这首诗的意思是，檀树啊桂树啊，都被又雕又镌，派了用途，看起来光光鲜鲜，可是它们自身却不能保全。倒不如我这不能派上用场的老樗树，因为无用，所以一枝不损，可以活满我的天年。

樗树，就是椿树。准确来说，应该是臭椿树。

小时候，家里的老房子又破又矮，院子不大，有一个轧水井。紧挨着轧水井长着一棵臭椿树，很是粗壮。树头苍苍，高过房顶，风一吹，飒飒地响。

盛夏时节，空气都是热的，屋里闷得像蒸笼。看着外边的树头往房顶上投下的庞大树影，觉得一定很清凉，就跑了出来，上了房。

躺在被太阳烘得热烫的房顶上，头顶光斑透过树叶，斑斑点点地晃，一身的热汗。实在受不了，我又下来了。我娘说："花搭凉怎么能凉快。""花搭凉"，就是这种太阳透过树叶投下来的树荫，光斑跳动，花花搭搭。我就傻傻地乘了一中午的花搭凉。

这棵大椿树的叶子夏天已经长得深绿茂密，细长的叶片一左一右地排列在细梗上，浅绿的花一丛一簇地躲在叶间。

其实我也说不清楚它到底是开的花还是结的果，人家开花都是姹紫嫣红，而它则是黄黄绿绿的。可是花片里又包着一粒小籽儿，就像是小籽儿长了翅膀。姑且认它是花罢，大椿树开了花，我们这些小孩子，就可以玩了呀。

从娘的笸箩里拿几根棉线，跑到房顶上，抬手摘下这些花来，放一边。然后一屁股坐下来，两脚相对，把棉线打结，一边套进左脚趾，一边套进右脚趾，抻开。花儿是一对对地长的，把它们一对对地掐下来，每一对都让它们左一只脚右一只脚地叉开，骑在棉线上，一会儿就排布得满满的，再小心地解下来，套在脖子上，做项链。小孩儿们，脖子上挂着椿树花项链，手腕上圈着椿树花手镯，脚脖上圈着椿树花脚镯，一走动，花儿纷纷往下掉。掉了再摘，再串，再戴，再玩。

好像这棵大椿树能起的作用，就是开出不起眼儿的小花，让小孩子们串起来这么玩、那么玩。花落了，叶密了，树高了，风一吹飒飒地愈发响了，它就不能玩了，就开始吓人了。

夜里，爹娘都已经在大炕上睡得香香的，我爹的鼾声能掀翻房顶，我睁着眼，不敢睡。外边的大椿树摇头晃脑，阴影印在窗棂上，好像鬼影窥窗，好吓人。

后来，我哥娶媳妇，重新向大队部申请了宅基地，我家就挪到了村西，这处老房子就弃了。大椿树去了哪里？不知道。

有听说榆木解了打家具的，没听说椿树也能解了打家具。也听说过杨树、柳树伐了之后卖木材，也没听说椿树能够伐了卖木材。房前屋后，边边角角，哪个村子里没有冒出来的野生的椿树嫩条呢，庄农人家，是看也不看它的，任它长。实在碍眼的时候拔一拔，平时拔都不肯拔，因为一拔，手上就留下了臭气。

要不然你以为这“臭椿”两个字，是怎么来的？

有臭椿，就有香椿。看似是一种树，实则不然。臭椿为奇数羽状复叶，香椿一般为偶数（稀为奇数）羽状复叶；臭椿叶子有异臭，香椿叶子有浓香。臭椿果实为翅果，香椿果实为蒴果；香椿树的木材能做车辕、乐器和家具，是上等木料，臭椿？

香椿叶可吃，随便哪几个客人来到，若是屋前有椿树，屋后有园，院中有鸡，可摘香椿芽剁碎凉拌，亦可香椿芽炒鸡蛋。早春时节，我家爱吃香椿豆腐，把豆腐切细碎，再将香椿芽洗净切碎，跟豆腐拌在一起，精盐香油少许，是一道难得的清凉小菜。臭椿叶?

所以，臭椿算是最“没用”的一种树了。

古时庄子和惠子聊天的时候，谈到过它。

惠子对庄子说：“我有一棵大树，人们称它为樗树。它的树干臃肿弯曲不直，它的枝子卷曲不直。把它种在路边，木匠也不理睬它。现在你说的话，大而无用，会被众人共同抛弃。”

庄子说：“……为什么不把它种在空旷、没有人烟的地方?人们可以在它的旁边徘徊无所事事，心情愉快地躺在它的树荫下。不屈从于斧头，樗树又没有什么损失。没有用处，哪里来的灾祸啊！”

就是它。

因为没用，所以不必被刀砍斧锯，绳规墨矩；因为没用，不必操心劳力，殚精竭虑，损伤生机。如果想一想，把它种在无边旷野，人们有推车的、挑担的，为前程奔忙累了，卸了负载，干脆跑到它的树荫下躺着睡大觉，醒过来在它的树荫下聊天，看见它也并不想砍了它打家具，它也安全，大家也开心，真是挺好。

各自安好，各自逍遥。

美文赏析

看似极其普通平凡的臭椿树，竟然有着这样悠久的历史，承载着这样的一种出尘逍遥的神思。作者在写自己的童年回忆的同时，还将臭椿树和香椿树作对比，得出的结论就是它和人类的关系可以各自安好，各自逍遥，令人深思，增长智慧。

荆　　条

西　风

荆条颜色青绿深重，成片生长，味道浓烈，虫蚁不近。我们小时候，荆条长得到处都是。村子里随处可见荆条编的器具。

那时候，村子里有一个人，个儿高，腰弯，脖子长，顶着一个乒乓球一样的小脑袋，下巴短。每天背筐打草，谁家有红白喜事，热心得很，跑来跑去地帮忙。谁家小孩子找不见娘哇哇大哭，他就帮着送到家里，就像村子里的一个守护神。

没事儿的时候，他就好背一个大大的荆条编的筐，到村外田里割满满的猪草，压得腰更弯了，脖子也更耷拉。他背的筐，提系长，筐外撇，口大肚子大，和我们这些小孩子们背的都不一样。

那时候的小孩子们也个顶个是要背筐打猪草的。有的是方筐，有的是圆筐。有的筐是新的，有的已经旧了。我有一个专属于我的小筐，是我爹特地给我趁着下雨天砍了荆条编成的。

我爹编筐是一绝，屋外雨声哗哗，我爹坐在堂屋里，屋里放着一捆荆条，说是软的，偏偏又硬得支棱八弹的；说是硬的，偏偏又软得能够拗得弯，拧得动。他先是编出一个筐底来，再左一根右一根地扭绞着把一根根荆条插在筐底上，然后就像编辫子一样，两只手有力地左一盘右一扭，盘盘扭扭的，一只小小的筐就出现了，像个方方的小篮子；再安上筐柄，用大剪刀咔嚓咔嚓把支出来的荆条剪齐，我就可以背上它，去打猪草了。

荆条嘛，就长在我家村外的河堤上，这里那里，一蓬蓬一簇簇，把整个河堤都遮得看不见。开紫花，枝条软软弹弹。起初不知道它叫荆条，只以为它是长得奇怪的柳条——人家的柳树是大身子垂下千万条绿丝绦，它是没有树身子，却长了满头的细柳条。

这种东西，在乡下除了编筐好像也没什么别的用处，不过编筐就已经是大用处。谁的家里没有几只筐呢？旧筐烂了，散了架子，就需要编新的。家里的男人们就跑去河堤，砍一捆荆条回来，像我爹一样，编大筐，编小筐。女人则像我娘一样，用高粱秆串盖帘，串大帘，串小帘。家常过日子，就是这样的就地取材，家常使用。

所以古时村姑绾发，会用荆钗，就是取根荆条，随意把如瀑黑发一挽，就可以下田劳作。自然，能干农活和操持家务的，也不会穿绸裙，只能穿布衣，所以才有荆钗布裙之说。当年“举案齐眉”典故中的孟光在嫁给梁鸿后，脱去锦衣华服，换上荆钗布裙，这件事在《后汉书·梁鸿传》中有记载。

古人常把自己的妻子称“拙荆”，就跟“贱内”一个样，表示谦虚。

廉颇的负荆请罪，背的也是荆条，因为荆条可以用来当鞭子，抽在人的身上，人感到很疼。小孩子不懂事，当娘的抡一节荆条抽打几下也是有的。

《福建民间草药》说它“润肺解热，利水通淋”。《闽东本草》说它“筋益肾，健脾祛湿。治头晕，脱力，蛇伤”。这些就不是我们这些小孩子所关心的了，小孩子所关心的不过是撅一根荆条在草丛里抽抽打打，抽得草屑乱飞。至于为什么抽，无它，手欠耳。到如今写起来，仿佛还能闻得到那股子手上沾染的气味儿，并不好闻。

如今少有人砍荆条编筐了，我也忽略了老家人到底用什么打猪草。哦，我也忘了，原来村里也都不怎么有猪圈了，也不养猪了，大家都买猪肉来吃了。

美文赏析

荆条可以用来做“荆钗”，可以用来“负荆请罪”，可以用来编筐……作者的重点就在于以“荆条”为点，回忆过去。而回忆过去的目的，其实在于怀旧，因为现在生活变了，农耕文明已经渐去渐远。看似平实的语言，却表达着深切的忆念。

桃

马　浩

桃，作为一种果木，身上所散发的气息，尤其是人文气息，为其他花木所无，在我心里，她的意象，可以说是竹外桃花三两枝而外的一抹留白。

人间花木，或以花胜，或以果胜。花的好看，果的美味，差不多也就止于此了，少有能更进一步者。而桃则能把人带入她的精神层面——美好的东西，看的不仅是外表的华丽，而是能让人感受到内在质感，这就好比“蝉噪林逾静，鸟鸣山更幽”，美好可以说是平淡人生的欲言又止，令人若有所思，蕴含着生活的趣味。

闲散时，我喜欢胡思乱想，便觉得世间神秘有趣，到底是鸡生蛋，还是蛋生鸡，绕来绕去，也绕不清楚。人天生有好奇心，喜欢打破砂锅问到底。说来，古人着实可爱，如今的人，凡事问科学。古人把想不透的事物推给神话，桃便是乘着神话的翅膀飞落到人间的。

上古时，有个叫夸父的有志青年，看着每天的日升日落，顿起好奇之心，想一探究竟，便去追赶太阳，跟太阳拼速度。离太阳越近越炎热，太阳的火焰差不多烤干了他身上的水分，夸父口干舌燥，跑到渭水边，一口气把渭水喝干，又跑到黄河边，又一口气把黄河饮干。他想着到西边的大湖去补水，在半道上渴死了，手中拿着的手杖掉落在身旁，化作一片桃林。桃这一非凡的出场，似乎便被人赋予了美好愿景。

桃花开了，春也就妖娆了起来，若春天少了桃花，春天会是什么模样呢？简直是无法想象的。其实，春天的门户也是桃给打开的，想想看，我们的春天是不是从新年开始的，新桃换旧符，春便涌进了千家万户。

陌上花开，可缓缓归矣，在我的印象里，杨柳风拂面，草如烟，花乱红，一条青白的蚰蜒小道，年轻的妈妈怀抱着孩子回娘家。小家伙包在大红的毛毯子里，温暖的阳光洒在脸上，眼睛眯着，似睡非睡，似醒非醒，招人心疼，惹人怜爱。小孩子是需要爱护的，除了大红毛毯，妈妈的手中，少不了拿着一根青枝绿叶的桃条子。这一习俗，不知始于何时，至今依然不绝如缕。

桃的这种美，似乎可以理解为桃树的德，是根植人心的某种敬畏，对大自然，对生命，对人间烟火的敬畏。桃之夭夭，灼灼其华。当然，桃花本来就是美的，其色白里泛红，当起一个“媚”字，是二八少女的笑靥，“笑靥如花”的“花”，非桃花莫属。眼见着桃花，不由你不浮想到人面，想到崔护，想到一首诗，恍惚之间，思想又被桃花带跑了，桃花潭水深千尺，不及桃花一嫣然。

在花木的果实中，桃子的滋味是鲜甜的，只此一点，就够其他水果眼红了。桃子滋养人，怎么吃都好。桃子，不但是鲜物，更是仙物，桃，不但可以在人间栽种，还能在仙界种植。王母娘娘便经营着一片广袤的蟠桃园，三千年一开花，三千年一结果。不知是桃创造了神话，还是桃本身就是神话。

陶渊明的《桃花源记》，广为人知，五柳先生为我们勾画了一个人间仙境，一个诗意的栖居地，桃花夹道，芳草鲜美，土地平旷，屋舍俨然。那种静虚之美，让人变得很轻很轻，如水中落英，青烟一缕，鸿毛半羽，又似一眼清泉，濯去积年的俗世尘垢，洞见初心。多美的桃花梦。

桃花盛开的地方，或是我们心灵的家园吧。

美文赏析

人间花木，或以花胜，或以果胜，花的好看，果的美味，差不多也就止于此了，少有能更进一步者，而桃则能把人带入她的精神层面。本文着重于挖掘桃的象征精神，使对它的描写不流于表面。

柳　　态

张　鹛

小时候没有玩具，柳树一身都是玩具。

到了春天，春光明媚，柳条上栖满金龟子。不是金龟子，是柳芽苞儿，有的凌空欲翔，已经振翅，再得几个暖晴，就能长成柳叶儿。有的敛翅悬停。还有那不上进的，搂着柳条睡大觉，攒成球儿，管你外边怎样风晴日暖。

这个时候，柳树枝儿柔软起来。小女孩儿可以给长长的柳枝儿编小辫儿，手艺一般的编三股辫儿，手艺好的编五股辫儿。可怜大柳树本来个子高高大大的，像个汉子，如今满头的小辫儿。

及至柳苞长开，舒展成了翠片似的柳叶儿，每天我们背着花书包上学的时候，就会随手扯下几根柳枝，编成一个帽圈儿戴在头上，这能遮挡多少阳光？就是图一个好玩儿。老师登上讲台一看，满教室戴柳圈儿的小孩儿。更有小孩儿嘴里叼着柳哨儿，吹出“吱吱儿”的声音。

柳哨儿好做得很，折下一小段柳枝儿，再把这截柳枝儿的柳皮褪下来，然后用小刀把柳皮的一小截外皮刮净，留一层薄的内皮，含在嘴里，就能吹出声音。柳枝嫩的时候，满村庄都响着柳哨儿的声音。

儿时，我们的村庄一个个都被笼在大杨树、大柳树里面，不是烟笼寒水雾笼沙，是柳笼村庄杨笼家。

我的眼睛一到春来，总是先看得见柳树。柳枝上一粒一粒的，风一吹有一种水波纹似的感觉。密枝间藏着许多鸟儿，叽叽喳喳，你们天天有多少会要开？

连着几天都阳光甚好，只有今天是薄阴天气，开车出去玩，就见一个陌生的小村庄，进村的弯弯曲曲的小路的路口有一棵大柳树。树是长得真好，那么好，扭着身子，树冠把整个小道遮严了。远望是一团绿云，近了看，是一小片一小片的翠片贴出来的繁华。

《小窗幽记》里有这样一句话："清疏畅快，月色最称风光；潇洒风流，花情何如柳态。"意思是，若论清幽明朗，令人心神舒畅，月色最是无限风光；若论意态潇洒，神情风流，花的面貌怎么能比得上柳的模样。

确实，太阳和月亮相比，一阳一阴，日头盛盛烈烈，月亮清清凉凉。民间叫太阳有"老爷儿"的说法，称月亮有"老母"的说法，二者也正如严父慈母一般，骄阳当头，育养万物，月挂中天，滋润人间。比起日头之威，人们还是更喜欢月色之柔。看那月洒竹梢，风拂叶动，果然令人清疏畅快。

鲜花和柳丝相比，二者同为美人，鲜花艳丽而柳丝清淡；鲜花繁盛而柳丝袅娜。柳丝映月，微拂凉风，适宜吹笛清音，确实潇洒风流。

美文赏析

这是一篇写柳的美文，作者抓住了柳的特质，将它和鲜花、太阳、月亮进行比较，角度新颖，整篇文章都有一种独特的气质。